Seelische Verwundungen:

die posttraumatische Belastungsstörung und andere Traumafolgestörungen -
die Wirksamkeit psychotherapeutischer Methoden im Vergleich

Review und Metaanalysen

Oswald J. Klingler

Seelische Verwundungen:

Die posttraumatische Belastungsstörung
und andere Traumafolgestörungen -
die Wirksamkeit psychotherapeutischer Methoden
im Vergleich

Review und Metaanalysen

Oswald J. Klingler

Impressum

Bibliografische Information der Deutschen Nationalbibliothek:
Die Deutsche Nationalbibliothek verzeichnet diese Publikation in der Deutschen
Nationalbibliografie; detaillierte bibliografische Daten sind im Internet über http://dnb.dnb.de
abrufbar.

© 2025 Oswald J. Klingler

Umschlagfoto „Aus dem Nebel" von Maria Klingler

Verlag: BoD · Books on Demand GmbH, Überseering 33, 22297 Hamburg, bod@bod.de
Druck: Libri Plureos GmbH, Friedensallee 273, 22763 Hamburg

ISBN: 978-3-8192-7865-5

Inhalt

Einleitung

Die Ressourcen werden weniger und die Kämpfe, die darum geführt werden, immer heftiger. Katastrophen erschüttern den Planeten, manche der Natur zugeschrieben, viele von Menschen gemacht. Immer mehr sind von den Folgen natürlicher, menschlicher und unmenschlicher Gewalt betroffen, Bedrohungen, Verwundungen, Verlusten. Das Trauma ist Teil des Alltags und wurde zu einem der meistverwendeten psychologischen Begriffe. Große Nachfrage ist gegeben: nach Behandlungsmöglichkeiten für Hilfesuchende und nach Aus- und Weiterbildungsmöglichkeiten für Therapeutinnen und Therapeuten. Wer „das Netz" fragt, findet eine schier unüberschaubare Fülle an Empfehlungen (Klingler, 2023b), deren Art und Umfang an einen heftig umkämpften Markt denken lässt. Zahlreiche Behandlungsmethoden werden angeboten, mehr als 12 beispielsweise von „therapie.de", dort von kognitiver Verhaltenstherapie bis zu den sogenannten kreativen Verfahren. Aber nicht alle Behandlungsmethoden, für die von diversen Ausbildungsvereinen ausgebildet wird, scheinen den Versicherungsträgern förderungswürdig. Für eine kassenfinanzierte Behandlung zugelassen sind in Deutschland nach „therapie.de" (01.03.25) Verhaltenstherapie, psychodynamische Psychotherapie, systemische Therapie und zur Behandlung posttraumatischer Belastungsstörungen, auch das EMDR („Eye Movement Desensitization and Reprocessing"). In Österreich darf bei einer sehr viel größeren Zahl von Behandlungsmethoden mit einer Kassenunterstützung gerechnet werden, gemäß „psychotherapie.at" (01.03.25) für 24 verschiedene Behandlungsmethoden von Analytischer Psychologie bis Verhaltenstherapie. Die Vielfalt der Möglichkeiten darf allerdings nicht darüber hinwegtäuschen, dass die Versorgung als zum Teil sehr mangelhaft einzustufen ist. In Deutschland wie in Österreich bestehen regional unterschiedliche Einschränkungen der Therapieplätze und Kostenzuschüsse, was bei Betroffenen zu erheblichen Wartezeiten und Behandlungskosten führen kann. Damit wäre nochmals wünschenswerter, dass eine Behandlung auch den gewünschten Erfolg bringt.

Aber wohin sollte man sich nun wenden, wenn man Hilfe sucht oder eine Aus- oder Weiterbildung für eine wirksame Behandlungsmethode? Auch von vielen Fachleuten ist die Forschung nicht mehr zu überblicken. Für zahlreiche Behandlungen werden „hochsignifikante", „überzeugende" oder zumindest „ermutigende" Ergebnisse reklamiert. Doch hochwertige Studien, in denen die Effizienz unterschiedlicher Behandlungen verglichen wird, sind eher in der Minderzahl. Und viele Therapeutinnen und Therapeuten werden nicht überprüfen können oder wollen, ob irgendwelche Verfahren zu bevorzugen wären. Gelegentlich wird hinsichtlich der Psychotherapie auch vertreten, dass ohnehin alle Methoden gleich wirksam wären. Man müsse nur jene Therapeutin oder jenen Therapeuten finden, die zu einem passt, bei der die Beziehung stimmt. Einfach probieren? Ein solches Glücksspiel könnte lange dauern. Denn - unabhängig von der Art der Behandlung - die erste, die in Anspruch genommen wird, wird von Hilfesuchenden eher selten als nützlich beurteilt: von nur etwa 24 Prozent bei einer posttraumatischen Belastungsstörung (Stein et al., 2020) und etwa 31 Prozent bei einer Depression (Harris et al., 2020). So aber können Jahre verloren gehen, mit einer weiteren Demoralisierung, Chronifizierung und Verschlimmerung des Leidens. Manche, wenn sie das so lange durchhalten, können eine zufriedenstellende Hilfe erst bei der 10. Behandlungsstation bekommen (Harris et al., 2020). Auch die Berichte von Betroffenen in der Praxis belegen, dass nicht jede Behandlung zu einem akzeptablen Ergebnis führt. Die Frage, welche Methoden am ehesten zu Erfolgen führen und deshalb gegenüber anderen zu bevorzugen wären, hat damit durchaus eine Berechtigung. Ihre Beantwortung scheint aber gar nicht ganz einfach und mit einer Reihe von weiteren Problemen verknüpft. Ein kleiner Exkurs durch die Geschichte von Psychotraumatologie und Therapieforschung könnte damit durchaus von Nutzen sein.

1 Kleine Geschichte der Psychotraumatologie - Stationen einer Entwicklung

1.1 Vor den Weltkriegen - frühe Beschreibungen von Traumafolgen

Seit der Antike werden Schäden durch traumatische Belastungen beschrieben, mit quälenden Erinnerungen, Angstzuständen, Albträumen und Persönlichkeitsveränderungen (Croq & Croq, 2000), und das, bis in heutige Zeiten, häufig als Folge von Kriegen und Gewalt:

> „... many have fallen into vain toils, terrible sicknesses (nosoi), and hard to heal madnesses (maniai). Thus the sight inscribes in the mind images of objects seen. And the terrifying images often remain ... (Gorgias im 5. Jahrhundert vor Christus nach Ustinova & Cardeña, 2014, S. 740).

Schon früh entstanden auch schon bemerkenswerte psychotherapeutische Ansätze. Eine systematische Auseinandersetzung mit seelischen Verwundungen hat allerdings erst ab dem 19. Jahrhundert begonnen. Es war in den Napoleonischen Kriegen, dass in den Armeen, beginnend in der französischen Armee, Militärärzte etabliert wurden, naturgemäß vornehmlich im Sinne einer Erhaltung und Förderung der Verwendbarkeit der Soldaten. Von französischen Militärärzten wurde dann ein sogenanntes „vent du boulet"-Syndrom beschrieben, ein Syndrom also, das etwas abschätzig mit dem Wind der Kanonenkugeln in Verbindung gebracht wurde. Und nicht viel später folgten Berichte von "Nostalgia", dem "Soldiers Heart" und dem "Railway Spine", Störungen, welche auch in der aktuellen Literatur immer wieder als frühe Beschreibungen posttraumatischer Syndrome dargestellt werden.

Mit der Bezeichnung Nostalgia war das bekannte Heimweh schon 1688 durch den Schweizer Dissertanten Hofer in die Medizin eingeführt worden. Nostalgia galt dann in der Schweiz und in Österreich, später vor allem aber in den Napoleonischen Kriegen und im Amerikanischen Bürgerkrieg, als eine gefährliche, schier epidemisch auftretende Krankheit, welche für zahlreiche Todesfälle verantwortlich gemacht wurde. Hinsichtlich der Todesfälle könnten dabei aber manchmal auch seelische und körperliche Ursachen etwas vermischt worden sein. Denn die Nostalgia war häufig als eine schwer fieberhafte Erkrankung beschrieben worden, zu Zeiten als die unter Kriegsbedingungen wohl besonders gefährlichen Erreger von Typhus, Cholera und anderen Infektionskrankheiten allgemein noch gar nicht bekannt waren. Und dass mit den seelischen Belastungen von Krieg und Heimweh eine verstärkte Anfälligkeit für Infekte gegeben ist, ebenso wie bei körperlichen Erkrankungen ein noch sehnlicherer Wunsch nach dem Zuhause, muss wohl als sehr naheliegend gelten (vergl. Klingler, 2019).

Ebenfalls bei Soldaten des Amerikanischen Bürgerkrieges wurde 1871 als eine Folge psychischer Belastung von Da Costa ein als "irritable heart" beziehungsweise als „soldiers heart" bezeichneter Symptomkomplex beschrieben, mit Herzschmerzen, Herzrasen, Müdigkeit, Erschöpfung, Schwindel und Atemnot. Hinsichtlich dieses Störungsbildes wäre aber zu beachten, dass schon von Da Costa selbst ein bevorzugtes Auftreten der Symptome nach schweren Belastungen im Felde oder nach fiebrigen Infektionen, Durchfällen oder Verwundungen angegeben wurde. Auch in späteren Studien wären bei mit „irritable heart" Betroffenen häufig vorangegangene Infekte festgestellt worden (vergleiche Oglesby, 1987). Wieder scheint damit eine Beteiligung körperlicher Einflüsse nicht unwahrscheinlich, körperliche Einflüsse, die ihre Wirkung natürlich umso eher bei seelisch belasteten Soldaten entfalten konnten.

Schon 1866 war durch den Chirurgen Erichsen eine als „railway spine" bezeichnete Störung beschrieben worden, die sich bei Opfern von Eisenbahnunfällen nach einer gewissen Latenzzeit durch Rückenschmerzen, Kopfschmerzen, zahlreiche vegetative Störungen, aber auch durch Gedächtnis- und Denkstörungen und Störungen der Sinnesorgane ausgezeichnet habe. Auch ein ängstliches, verhärmtes Aussehen, Verstimmungen, Gedankenverwirrung, Schlafstörungen und schlechte Träume wären Merkmale der Störung gewesen. Manche der angeführten Symptome erinnern an jene eines Schleudertraumas oder eines postkontusionellen Syndroms. Von Erichsen wurde die Störung zunächst auf die Erschütterung des Rückenmarkes zurückgeführt, bald aber das Erleben von Angst und Schrecken als entscheidend hervorgehoben (nach Fischer-Homberger, 1970 und 1971b).

Besondere Aufmerksamkeit hatte das „railway spine" durch die Einführung von Schadenersatzverpflichtungen in England und später auch in Deutschland erfahren. Dass Schadenersatz-Forderungen auch für objektiv nur schwer belegbare Traumafolgen geltend gemacht werden könnten, hatte bei Bahngesellschaften und Versicherungen für einige Verunsicherung gesorgt. In der Folge wurde viel Aufmerksamkeit auf die Möglichkeit der Simulation und eine wenig erfolgreiche Suche nach objektivierbaren körperlichen Traumaschäden gerichtet (vergl. Fischer-Homberger, 1970 und 1971b). Nicht verwunderlich auch, dass es gerade ein Eisenbahnarzt war (Rigler, 1879), der die möglichen Schädigungen abgeschwächt und von der Entlarvung von zahlreichen Simulanten berichtet hat.

Auch schon im 19. Jahrhundert wurde im medizinischen Kontext immer häufiger für seelische Verwundungen die Bezeichnung „Trauma" verwendet. Mit Bezug auf Unfälle war 1889 von Oppenheim der vermutlich erste Gebrauch des Begriffs „traumatische Neurose" erfolgt. Er hatte bei den Opfern von Eisenbahn- und Arbeitsunfällen Desorientierung, Aphasie, Unfähigkeit zu stehen und verschiedene Schüttelzustände sowie Schlafstörungen festgestellt, für die er annahm, dass sie auf nicht sichtbare und behandelbare mikroskopische Veränderungen des Zentralnervensystems zurückzuführen wären, für die aber ähnlich wie schon bei Erichsen letztlich der Schreck als eine Erschütterung des Gemüts die Hauptrolle spiele (nach Lerner, 1997; Seidler, 2009).

Hinsichtlich der gegen Ende des 19. Jahrhunderts so beliebt gewordenen Diagnose der Hysterie wurden nun traumatisierende Ereignisse als entscheidend angesehen. Die Hysterie (von altgriechisch ὑστέρα, Gebärmutter) wurde als spezifisch weiblich beschrieben und als gekennzeichnet durch eine besondere emotionale Labilität. Zu den hysterischen Symptomen wurden als psychosomatisch beurteilte Störungen wie etwa Erbrechen, Migräne, Herzanfälle, Sinnes-, Empfindungs- und Bewegungsstörungen gezählt, aber auch solche Störungen des Bewusstseins und des Gedächtnisses, die eine Abspaltung von der bewussten Wahrnehmung und Kontrolle darstellen, sogenannte dissoziative Symptome. Von Charcot (1887) wurde vermutet, dass ein nervöser Schock durch einen hypnoiden Zustand der Autosuggestion in hysterische Attacken zum Schutz vor unerträglichen Erfahrungen und Erinnerungen führe (nach Fischer-Homberger, 1971a).

Auch für den Charcot-Schüler Janet (1889) sei die Entwicklung von dissoziativen Störungen die Intensität der erlebten Emotionen ausschlaggebend gewesen. Dies, weil durch die Gefühlsintensität eine Integration in ein narratives (chronologisch berichtendes) Gedächtnis verhindert und eine Phobie betreffend die Erinnerung aufrechterhalten werde (nach Fischer-Homberger, 1999; van der Kolk, 2007).

Von Freud, einem anderen Charcot-Schüler, wurden zunächst sexuelle Kindheitstraumata als bestimmend für die Ausbildung von hysterischen Symptomen angesehen. Er hatte auf Grundlage von Berichten von Kinderärzten und seiner eigenen Patientinnen die Vermutung geäußert, dass ein sexueller Missbrauch und damit sexuelle Traumatisierungen von Kindern sehr viel häufiger stattfänden als bekannt werde. So wären bei allen 18 von ihm behandelten Fällen von Hysterie sexuelle Traumatisierungen aufzudecken gewesen (Freud, 1896, S. 443ff).

1904 war von Kraepelin die „Schreckneurose" in seine einflussreiche Klassifikation und Beschreibung seelischer Störungen aufgenommen worden. Angeführt hat er die folgenden Merkmale dieser Störung (S. 721ff):

    1) ihr Auftreten infolge von heftigen Gemütserschütterungen, plötzlichem
          Schreck, großer Angst im Rahmen eines Unfalles oder
          Katastrophenereignisses,
    2) ein schleichender Beginn über Wochen oder Monate,
    3) Traurigkeit, Ängste, die sich zu heftigen Ausbrüchen steigern können,
    4) geringe Anteilnahme an der Umwelt, aber Beschäftigung mit quälenden
          Vorstellungen mit dem Geschehenen und dessen Folgen,
    5) Angstträume, somatische Beschwerden, sensorische und motorische Störungen,
    6) Erschöpfung und verminderte Leistungsfähigkeit.

Hinsichtlich der Hysterie aber wurde von Freud schon bald (1906) die Bedeutung tatsächlicher Traumata relativiert. Er habe die Erinnerungstäuschungen und Phantasien „der Hysterischen" nicht richtig erkannt und damit die Häufigkeit sexueller Traumatisierungen überschätzt (Freud, 1906, S. 229).

Eher ihre Traumatisierungen geglaubt hat dann Stierlin (1911) den Überlebenden von Erdbeben-, Bergwerks- und Eisenbahnkatastrophen. „Der heftige Schreck, teils in Verbindung mit körperlichen und anderen seelischen Insulten", habe die folgenden Störungen verursacht:

    1) Akute und chronisch verlaufende „Schreckpsychosen vom Charakter hysterischer oder epileptischer Dämmerzustände".

    2) Bei einer größeren Anzahl der Überlebenden in der ersten Zeit nach der Katastrophe ein „nervöser, vorwiegend vasomotorischer Symptomenkomplex" mit Schlafstörungen und weiteren vegetativen Störungen. Diese Störungen, bei der die Stimmung der Betroffenen auffallend gut gewesen sei, wären zumeist restlos abgeklungen.

    3) Nur bei einzelnen hätten sich daraus eigentliche Neurosen entwickelt. Und als eine für Katastrophen mehr oder weniger typische Neurosenform habe Stierlin die Angstneurose ausgemacht („nicht im Sinne Freuds"). Im Zentrum dieses anhaltenden Krankheitsbildes der traumatischen Neurosen würde „der Erinnerungsaffekt der Katastrophe" stehen. Unter den acht Fällen solcher Neurosen nach einem Bahnunfall wären allerdings auch „zwei leichtere Unfallsneurosen mit Präokkupation durch Entschädigungsangelegenheiten (♀)" festzustellen gewesen (S. 2035).

Eine Präokkupation durch Entschädigungsangelegenheiten war zu diesen Zeiten offenbar auch bei zahlreichen Psychiatern gegeben. Unter anderem wurde vorgeschlagen, anstatt von Unfallneurosen oder traumatischen Neurosen von hysterischen und neurasthenischen Zuständen nach Trauma mit einer sogenannten „Rentenhysterie" zu sprechen (Rosenfeld, 1911). „Rentenhysterie" und „Begehrungsvorstellungen" wurden als Hauptursachen der traumatischen Neurose gesehen:

> „Sicher hat es vor der Unfallgesetzgebung unanzweifelbare traumatische Neurosen gegeben; aber ihre auffallende Anhäufung seitdem, die verhältnismäßig schlechte Prognose

derjenigen Fälle, die sich in einem Rentenverhältnisse befinden, und die relativ gute derjenigen, wo es sich um keine Rente, dagegen um Erhaltung von Karriere und Amt (Reiteroffiziere ...) handelt, weisen doch darauf hin, daß die Gewährung der Rente in einem ursächlichen Zusammenhang mit der Erkrankung und ihrem Verlaufe steht ... Es handelt sich bei den traumatischen Neurosen um Krankheiten, bei denen Trauma, krankhafte psychische Veränderung und der Kampf um die Rente in einem gewissen ... Zusammenhang miteinander stehen. Jedenfalls kann unter Umständen die Gewährung der Rente die Prognose erheblich verschlechtern, da durch sie der Antrieb zur Arbeit und damit zur Wiederherstellung der Psyche in Fortfall kommt" (Ewald, 1914, S. 360).

Wie abzielend auf zukünftige Entschädigungsfragen wurde für die Entstehung und den Verlauf der Schreckneurose dann auch eine Disposition betont:

„Die Schreckneurose erfordert an sich keine besondere Disposition, doch besteht praktisch die grosse Mehrzahl der Schreckneurotiker aus schon vorher kranken, zum mindesten stark disponierten Individuen. Ausschlaggebend für den weiteren Verlauf der Schreckneurose ist einerseits die spezifische Disposition des Individuums, andererseits die Gestaltung der Entschädigungsfrage" (Horn, 1915, S. 333).

Vielleicht fanden manche Ideen auch Nahrung durch Erfahrungen aus dem russisch-japanischen Krieg (1904/1905), aus dem von einer großen Zahl an psychiatrisch bedingten Ausfällen und Entlassungen berichtet wurde. Nach Croq und Croq (2000) wären diese Kriegserfahrungen auch Anlass gewesen, den Begriff der Kriegsneurose zu prägen. Nicht unbedeutend für die weiteren diagnostischen und therapeutischen Entwicklungen der Psychotraumatologie war diese dann in der Folge durch Jahrzehnte vornehmlich mit Kriegstraumatisierungen befasst.

1.2 Die Weltkriege und der Kampf gegen Simulanten und Psychopathen

1.2.1 Erster Weltkrieg

Noch nie zuvor in der Geschichte war ein so massenhaftes Auftreten von psychischen Belastungsreaktionen berichtet worden wie in Folge des Ersten Weltkriegs. Zahlreiche Soldaten der deutschen und der alliierten Streitkräfte wurden mit der Diagnose eines Da Costa's Syndroms („irritable heart") entlassen (Oglesby, 1987). Vom britischen Militärarzt Myers (1915) wurde der Begriff „shell-shock" geprägt. Er hatte bei einer großen Zahl von Soldaten, die ohne äußere Verletzungen Granatexplosionen überlebt hatten, sensorische und neurologische Symptome festgestellt - Störungen des Sehens, des Gehörs, des Geruchs- und Geschmackssinnes sowie der Erinnerung und vor allem des Schlafes. Noch häufiger aber wurden psychogene Bewegungsstörungen berichtet, mit Zittern, Krämpfen, Lähmungen - die „Kriegszitterer" (https://www.youtube.com/watch?v=fE-CLofucRI, 05.01.22).

In den Lazaretten wurden die Belastungsreaktionen zumeist unter den Diagnosen „Hysterie", „Neurasthenie", „Neurose", „Granatschock" und „nervöses Leiden" dokumentiert (Rauh & Prüll, 2015). Die Diagnose der („weiblichen") Hysterie ist entsprechend dem damaligen Verständnis für Soldaten sehr abwertend gewesen. Die Neurasthenie als eine Störung wurde eher den Offizieren zugestanden über welche berichtet wurde, dass

„die dann fast stets das gleiche Bild eines nervösen Erschöpfungszustandes boten: allgemeine Energielosigkeit, Mangel an Dispositions- und Entschlußfähigkeit, Gefühl völligen körperlichen Zusammenbruchs und besonders eine starke Neigung zum Tränenvergießen,

Als eine eher kurzfristige, eventuell nur passagere Störung wurde von Kleist 1918 die schon von Stierlin (1911) berichtete sogenannte „Schreckpsychose" eingehender untersucht. Diese sei gekennzeichnet durch erregte, läppische oder heitere Dämmerzustände, ängstliche Verwirrung (Delirien), Halluzinose, apathisch, ängstlich oder heiter erstarrte (stuporöse) Zustände, oft begleitet oder gefolgt von „körperlich-hysterischen Zeichen". Dass diese Störung wenig Beachtung gefunden hat, liege nach Kleist an ihrem eher vorübergehenden Charakter, weshalb sie dann in den Heimatlazaretten kaum mehr beobachtbar gewesen sei. Als ein Fall einer Schreckpsychose in Form eines „ängstlichen Deliriums" wurde der folgende beschrieben:

Fallbericht „Fall 7" nach Kleist (1918, S. 444f):

„Fall 7. Inf. Unteroffizier Karl A. Beruf: Kaufmann. Geb. 11.6.91.

13.3.15 Aufgenommen ins Kriegslazarett in erregtem Zustande, Zittern am ganzen Körper, aufgeregte Ausrufe: „Hallunken, mein Gewehr. Alles haben sie mir genommen, alle Kameraden gefallen." Wälzt sich mit ängstlichen Gebärden hin und her. Nicht fixierbar. Gibt keine Antwort, folgt keiner Aufforderung, durch Zuspruch nur vorübergehend zu beruhigen, drängt nach Tür und Fenster, äußerst schreckhaft.

15.3. Unverändert, erregt, zitternd, ängstlich. Halluziniert Kriegserlebnisse.
17.3. Ruhiger, nur bei der ärztlichen Untersuchung zitternd und stöhnend. Orientiert sich in Zeit und Ort. Erinnerungsverlust für die letzten Tage. Kann keine Ursache für den Ausbruch der psychischen Störungen angeben. Allmählich sei ihm das Sterben der Kameraden zu nahe gegangen.

24.3. Psychisch frei. Erinnert sich jetzt eines Sturmangriffs der Engländer am 11.3., vorher 2 Tage ununterbrochenes Trommelfeuer. Beim Sturm drangen die Engländer in den Graben, die Grabenbesatzung ging zurück, wurde beim Rückzug von Granaten überschüttet, links und rechts fielen die Kameraden, dann wurde A. bewusstlos.

Klare Angaben über sein früheres Leben, war ein guter Schüler, während eines kaufmännischen Ausbildungskursus Überarbeitung mit Weinkrämpfen. 1910-11 aktiv gedient, später als Kaufmann viel gereist (Belgien, Frankreich, Holland, Orient). Am 2. August 1914 ins Feld, seit Weihnachten spürte er, daß ihn alles aufregte, Zittern am ganzen Körper, Kopfschmerzen. Anfang März 8 Tage Schonung, dann 2 Tage im Graben, darauf 4 Tage Ruhe. Am 4. Tag im Quartier alarmiert, das übrige wird wie früher angegeben. Über die Erlebnisse im Dämmerzustand macht A. genaue Angaben: er sah Engländer in schrecklicher Gespenstergestalt, grinsende Gerippe u. ä.

31.3. Mit Lazarettzug zurückbefördert in ein Heimatlazarett.

8.4. Aufnahme im Vereinslazarett B. Zuckungen am ganzen Körper, Aufgeregtheit, scheues Wesen. Am folgenden Tag nach einem Gewitter Dämmerzustand mit schwerer Erregung, glaubt sich in die Schlacht versetzt, sucht zu entfliehen, mit dem Kopf gegen die Wand zu rennen. Nach 2 Stunden Beruhigung unter Hinterlassung von Amnesie.

28.4. Die Zuckungen bestehen weiter. Nach einem Tadel bekommt A. einen ähnlichen Erregungszustand wie am 9.4., ebenso am 13.5. gelegentlich einer Theatervorstellung, als hinter der Bühne Infanteriefeuer markiert wird.

Am 15.7. ein hysterischer Anfall mit tobsüchtiger Erregung nach Zurechtweisung durch den Arzt. A. ist dauernd sehr reizbar, schläft schlecht, im Halbschlaf Träume von Kriegserlebnissen, in denen er zeitweise erregt wird, das Zittern betrifft späterhin hauptsächlich den rechten Arm. In diesem Zustand am 29.10. kr. u. entlassen.

Die Formen der Belastungsreaktionen waren sehr vielfältig. Ihnen gemeinsam war jedoch, dass sie Verwendbarkeit und Einsatzfähigkeit der Soldaten massiv verminderten. Das kam den Kriegsherren naturgemäß ungelegen. In Deutschland haben Psychiater ihre Fachkollegen aufgerufen, ihre Arbeit in den Dienst von Krieg und Vaterland zu stellen (vergleiche Brunner, 2000). Aber das war vermutlich bei allen Kriegsparteien ähnlich.

Die Folgen der Kriegsbelastungen wurden häufig als zweckgerichtete hysterische Symptome interpretiert. Oft wurde den Geschädigten ein mangelnder Wille unterstellt, zunehmend wurde von bewusster Simulation ausgegangen. Und natürlich wurde bei Betroffenen dann auch das Vorbestehen einer psychopathischen Konstitution angenommen (vergl. Fischer-Homberger, 1971a und b; Lerner, 1997; Brunner, 2000).

Gewiss war für manche Ärzte und Offiziere auch unverständlich, dass

a) vergleichbare Belastungen bei verschiedenen Personen zu ganz unterschiedlichen Reaktionen geführt haben,
b) Symptome oft auch schon nach äußerlich geringfügigen Belastungen und noch vor dem Einsatz an der Front zu beobachten waren,
c) Soldaten mit schweren körperlichen Verletzungen und Kriegsgefangene oft geringere Belastungsreaktionen gezeigt haben als solche, denen ein weiterer Kampfeinsatz gedroht hat.

Oft zielten die Behandlungsmethoden darauf ab, die Betroffenen zu bestrafen, abzuschrecken, beziehungsweise zurück an die Front zu zwingen. Dabei wurde von den Ärzten eine bemerkenswerte Kreativität entwickelt, beflügelt vielleicht durch Patriotismus, vielleicht aber auch durch die Sorge um das eigene Schicksal oder die Karriere.

Nach Nonne, der übrigens ebenfalls einige Wochen bei Charcot studiert hatte, müsse der Wille der Betroffenen gestärkt werden. Das ließe sich durch Hypnose erreichen. Damit habe er eine Vielzahl an Kriegsneurotikern erfolgreich behandelt, was er auch filmisch hat dokumentieren lassen (Nonne, 1917). Nach anderen Quellen habe Nonne empfohlen, die Betroffenen sich zur Behandlung nackt ausziehen zu lassen; das erhöhe das Gefühl des Ausgeliefertseins. Und wenn die Hypnose nicht ausreiche, dann solle der Wille durch schmerzhafte Elektroschocks unterstützt werden (nach Brunner, 2000).

Bekanntheit und Verbreitung hat auch die vom österreichischen Neurologen Kaufmann als "Überrumpelungsmethode" eingeführte Behandlung mit von Suggestionen begleiteten Elektroschocks gefunden. Sie „zwingt auch den Kranken, der nicht zur Heilung inkliniert, so gut wie immer in die Gesundheit hinein; denn der gewaltige Schmerzeindruck verdrängt alle negativen Begehrungsvorstellungen". In der Regel sei dadurch schon nach einer Sitzung eine „Heilung" zu erreichen gewesen. Kaufmann verwies auf zahlreiche Behandlungserfolge, allerdings musste er einräumen, dass sich die so Behandelten nicht mehr für einen Einsatz als Feldsoldaten eigneten (Kaufmann, 1916). Von anderen Militärärzten habe es Empfehlungen betreffend Zwangsexerzieren, Isolationshaft, Scheinoperationen und kalte Dauerbäder gegeben (Brunner, 2000).

Beginnend 1916 war Kritik gegen überharte Behandlungsmethoden geäußert worden. Diese sei auch im Reichstag und im Bayrischen Landtag diskutiert worden. Es habe auch der

Eindruck bestanden, dass manche Ärzte ihre Behandlungen nach wirtschaftlichen Überlegungen gestalten, um die Kosten von Kriegspensionen einzudämmen. Ab 1917 wurde die Anwendung milderer Methoden behauptet, mit Erfolgen, die schier märchenhaft anmuten:

> „Bemerkenswert ist … vor allem die stärkere Betonung der milden Behandlungsweisen … Für milde Wachsuggestivbehandlung tritt vor allem Oehmen ein, der an 100% hysterische Störungen (Reflexlähmungen aber nicht!) durch sie beseitigte. Ähnlich Schüller, der 99%, auch die ältesten und verschlepptesten Fälle, rasch, einfach und sicher innerhalb weniger Minuten heilte … Ollendorf verwendete eine ähnliche Behandlung mit anschließenden planmäßigen Bewegungsübungen, und auch Mann betont den Wert dieser milden Suggestionsbehandlung. Von diesen milden Einzelsuggestiveinwirkungen ist dann schließlich nur noch ein Schritt zu den allgemeinen suggestiven Milieueinflüssen, wie denn auch Hirschfeld mit suggestiv wirkenden Demonstrationen besonderen Wert auf die Heilatmosphäre legt, die nach Kehrer den Charakter „gereinigter Kasernenluft und Lourdesstimmung" haben muss. Kehrer empfiehlt als milde Behandlung die Kombination von Hypnose mit gelinder Gewaltexerzierkur, Kretschmer Dunkelzimmerbehandlung mit gelegentlichen suggestiven Bemerkungen. Kaufmann legt bei seiner Intensivbehandlung jetzt das Schwergewicht auf die militärische Willensüberwältigung durch kommandierte Übungen, und Nonne hat die Kaufmannsche Methode umgewandelt zu einer Persuasionsmethode mit Zuhilfenahme kurzdauernder elektrischer Reize (über 80% Heilungen). Forster legt entsprechend seiner Auffassung von dem simulatorischen Charakter der hysterischen Reaktionen den Hauptwert auf die erzieherische Beeinflussung durch Aufklärung über die schlechte Angewohnheit und energische Mahnung, die Täuschungsversuche zu unterlassen. Daß therapeutische Starkströme, insbesondere Sinusströme wegen ihres eventuell tödlichen Einflusses auf das Herz … prinzipiell jetzt abgelehnt werden, sei in diesem Zusammenhange schließlich auch noch erwähnt" (Birnbaum, 1917, S. 37f).

Eine Analyse von Lazarettdaten zeigt, dass die teilweise so eifrig befürworteten harten Methoden wahrscheinlich nicht immer die Standardbehandlung dargestellt haben. Bei 352 Fällen mit einer Diagnose, die einer Kriegsneurose zuzuordnen war, wären nur bei 24 Prozent die propagierten Suggestiv- und Elektrobehandlungen zur Anwendung gekommen. Im überwiegenden Ausmaß sei den Soldaten Ruhe, kräftigende Kost, Brom und Baldrian verschrieben worden und die mittlere Verweildauer im Lazarett habe etwa 2 Monate betragen. Nur 22 Prozent hätten direkt an die Front zurückkehren müssen, 15 Prozent wären als dienstunbrauchbar entlassen worden (Rauh & Prüll, 2015). Von den psychiatrischen Krankenhäusern des Hinterlandes mussten vermutlich noch weniger zurück an die Front. Bei einer Stichprobe von 100 an der psychiatrischen Abteilung der Berliner Charité behandelten Soldaten sind nur sechs zurück an die Front entlassen worden. 33 wurden als untauglich für jeden weiteren militärischen Dienst beurteilt, nur sieben allerdings mit einem Pensionsanspruch (Linden et al., 2012). Denn noch vor dem Kriegsende wandten sich namhafte Psychiater auch schon dem Kampf an der nächsten Front zu, an der es wieder um „Begehrungs- und Entschädigungsangelegenheiten" gehen sollte: Nach Lerner (1997) sei für die Zeit nach dem Krieg eindringlich vor den „Rentenhysterikern" und einer Epidemie von zu versorgenden Kriegsneurosen gewarnt worden.

Auch bei den britischen Streitkräften sind psychische Störungen durch Elektroschocks, aber auch durch „Diät" und harte Arbeit behandelt worden (Bogacz, 1989; Jones & Wessely, 2003), in welchem Ausmaß ist allerdings nicht bekannt. Der Kampf gegen Kriegsschädigungen sei auch bei anderen Streitkräften zu einem Kampf gegen die Simulation verkommen (van der Kolk, 2007).

Aber es gab auch andere Ansätze. Es war der einflussreiche amerikanische Militärpsychiater Salmon (1917), der eingeräumt hat, dass es neben den sogenannten konstitutionellen Neurotikern, bei denen die psychische Erkrankung als eine Fluchtmöglichkeit genutzt werde, auch ursprünglich Gesunde gebe, die eine Kriegsneurose lediglich angesichts der schrecklichen Kriegserfahrungen entwickelt haben. Warnend hat Salmon auch auf Suizide verwiesen, welche bei „hysterics" erfolgt wären, die man zu Unrecht der Simulation bezichtigt habe (S. 43).

Auf Grundlage der vorhandenen Erfahrungen, nach denen sich durch eine Behandlung in frontnahen militärischen Einrichtungen eher eine Rückkehr in den Einsatz erreichen habe lassen als bei einer Repatriierung und Behandlung in der Heimat, wurde bei den amerikanischen Streitkräften eine möglichst kurzfristige und einsatznahe Behandlung angestrebt. Im Rahmen einer solchen „forward"-Behandlung sollte eine konsequente Vermeidung von Krankheitsetiketten erfolgen und eine baldige Erholung mit Aussicht auf eine Rückkehr zu den Kameraden suggeriert werden. Als Inhalte der Behandlung wurden Beschäftigung, Arbeit, Psychoedukation, Suggestion und Hypnose angeführt. Hinsichtlich militärischer Zielsetzungen muten die so angestrebten Erfolge allerdings auch hier eher bescheiden an: Nur knapp 21 Prozent der Behandelten hätten wieder zurück an die Front entlassen werden können (Jones, 1995).

Emotionalen Reaktionen im engeren Sinne - etwa Angst, Furcht, Entsetzen – ist zu Zeiten des Ersten Weltkrieges allgemein weniger Aufmerksamkeit gewidmet worden als den damit verbundenen körperlichen Reaktionen. Das ist im Grunde wenig überraschend. Einerseits werden diese Gefühle auch von den Betroffenen nur selten an- oder ausgesprochen worden sein. Denn noch viel mehr als heute galten solche Zustände als unmännlich und unsoldatisch, und für Feigheit vor dem Feind drohte ja grundsätzlich auch die Todesstrafe. Und andererseits waren ja nach ihrem Verständnis von Naturwissenschaft auch die meisten Ärzte dieser Zeit viel mehr auf die Identifikation der körperlichen Ursachen und Erscheinungsformen von Krankheiten aus als auf die Erforschung der oft schwerer fassbaren und diffusen Gefühle.

Durch den britischen Arzt William Halse Rivers hingegen (1917) erfolgte aber eine bemerkenswerte Beschreibung der Belastungsreaktionen der Soldaten als Angstneurose, welche schon stark den späteren Beschreibungen der posttraumatischen Belastungsstörung entspricht. Es käme zu quälend wiederkehrenden Erinnerungen, Albträumen, Schlafstörungen und Angstzuständen, aber auch zu schweren depressiven und dissoziativen Zuständen. Als das wesentliche Bestimmungsstück der Störung werden die bewussten und unbewussten Bemühungen der Betroffenen beschrieben, die belastenden Erinnerungen zu unterdrücken beziehungsweise zu vermeiden, ähnlich der schon von Janet (1889) beschriebenen Phobie vor den Erinnerungen. Rivers (1918) sah in der Unterdrückung belastender Erinnerungen bei den Soldaten ein Sicherheitsrisiko. Weil es bei entsprechenden Auslösern im Gefecht zu deren unkontrollierten Reaktivierung und einem Zusammenbruch des Betroffenen kommen könne. Entsprechend wandte er sich gegen die damals gängige Empfehlung, Betroffene von den Erinnerungen an die belastenden Ereignisse fernzuhalten. Und hat im Gegensatz dazu ermutigt, über die Erfahrungen zu sprechen. In einem Fallbericht zeigt er, wie eine befreiende Umdeutung eines schrecklichen Erlebnisses gerade dadurch ermöglicht wurde, dass darüber auch gesprochen wurde.

<table>
<tr><td>Fallbericht „Der Offizier" nach Rivers (1918), frei übersetzt durch den Autor:</td></tr>
<tr><td>

Der betroffene Offizier war durch eine Granatexplosion verschüttet gewesen. Trotz Kopfschmerzen, Erbrechen und einer nicht weiter beschriebenen Störung der Ausscheidung hatte er weiter durch zwei Monate seinen Dienst verrichtet. Dann war es zu einem Zusammenbruch gekommen, nachdem er im Felde einen Offizierskameraden gesucht hatte und dessen Körper in Stücke zerrissen vorgefunden hatte, Kopf und Gliedmaßen vom Rumpf getrennt.</td></tr>
</table>

Von da an sei er nachts durch Bilder von seinem toten und verstümmelten Freund gequält worden. Im Schlaf habe er Albträume gehabt, in denen ihm sein Freund erschien, manchmal habe er ihn zerfleischt im Felde gesehen, manchmal seine Glieder von Lepra zerfressen. Dabei sei der verstümmelte oder lepröse Offizier seiner Träume immer näher und näher gekommen, bis er selbst zitternd und schweißgebadet erwacht sei. Er habe es gescheut, schlafen zu gehen, habe jeden Tag mit ängstlicher Erwartung der Nacht verbracht. Man hatte ihm geraten, alle Gedanken an den Krieg aus seinem Bewusstsein zu verbannen, aber seine Erfahrungen, die sich nächtens so oft wiederholten, waren so nachdrücklich, dass er sie nicht aus seinem Denken bringen konnte, so sehr er sich auch darum bemühte. Und je mehr er sich um eine Verbannung seiner Erinnerungen bemühte, umso stärker und furchterregender kamen diese im Schlaf zurück.

Für Rivers, so hatte dieser geschrieben, hatte ein Ziel darin bestanden, irgendeinen Aspekt der schmerzlichen Erfahrungen zu finden, welcher es dem Patienten erlaubt, deren ekelhaften und schrecklichen Charakter etwas abzuschwächen. Der Aspekt, auf den er dann die Aufmerksamkeit des Offiziers gelenkt hatte, war, dass der zerfleischte Körper seines Freundes ein überzeugender Beleg dafür sei, dass dieser einen sehr schnellen Tod gefunden habe und ihm so ein langes Leiden erspart geblieben sei. Damit erhellte sich die Miene des Offiziers und er äußerte, dass ihm dieser Aspekt noch gar nicht bewusst gewesen sei. Noch nie sei er von jemandem darauf aufmerksam gemacht worden. Er habe verstanden, dass das ein Blick auf seine Erfahrungen war, der seinen Gedanken mehr Ruhe erlaube und wolle von nun an nicht mehr versuchen, seine Erinnerungen an den Freund fernzuhalten, sondern an die Schmerzen und das Leid denken, das diesem erspart geblieben ist.

Für einige Nächte habe er überhaupt keine Träume mehr gehabt. Dann habe er geträumt, dass er wieder hinausging in das Niemandsland, um seinen Freund zu suchen, wo er seinen verstümmelten Körper wie in den anderen Träumen gefunden habe, aber ohne dem Grauen, das er früher immer bei diesem Anblick empfunden habe. Er sei niedergekniet, um für die Verwandten des Freundes nach Gegenständen von Wert zu suchen, ein Akt der Pietät, den er auch in der Realität vollzogen habe. Und als er ihm seinen „Sam Browne"-Gürtel abgenommen habe, ein Akt, der wohl mit besonderen Gefühlen verbunden ist, sei er erwacht. Aber nicht mit dem Schreck und Grauen wie zuletzt, sondern, leise weinend, einfach nur Trauer für den Verlust eines Freundes empfindend.

Einige Nächte später habe er einen weiteren Traum gehabt, in dem er seinen Freund getroffen habe. Zerfleischt und verstümmelt sei er gewesen, aber nicht mehr erschreckend. Sie hätten miteinander gesprochen und der Patient habe seinem Freund die Geschichte seines eigenen Leidens berichtet, aber dass er nun in der Lage sei, ruhig und ohne Schreck und Grauen zu ihm zu sprechen. Später habe der Offizier stärker belastende Gefühle nur mehr in einem Traum erlebt und in einem geringer belastenden Ausmaß nur mehr ein oder zweimal nach seiner Entlassung. Nach seinem letzten Bericht habe er nur mehr einmal einen belastenden Traum gehabt, diesen aber mit anderen Inhalten, und er habe seine normale Kraft und Gesundheit wieder erlangt.

Wie die Sache für den Offizier weitergegangen ist, wissen wir nicht, vielleicht hätte ihm eine weitere Aufarbeitung seiner Erlebnisse doch noch gut getan. Was wohl angesichts der Kriegssituation nicht möglich war. Rivers hat mit seinen Fallberichten (1917) allerdings schon einiges von den wirkungsvollsten modernen Psychotherapieformen vorweggenommen. Er hat zwei miteinander Hand-in-Hand-gehende Wirkmechanismen beschrieben, von ihm benannt als Katharsis und Re-Education. Katharsis könne auf zweierlei Arten nützlich sein: Einerseits könne oft alleine das Berichten eine deutliche Entlastung bewirken, andererseits werde erst mit der Aufgabe der bewussten Unterdrückung der Erinnerungen deren Reintegration in die Gesamtpersönlichkeit ermöglicht. Und mit Re-Education beschrieb Rivers, dass die Aufmerksamkeit des Betroffenen auf zunächst vernachlässigte Aspekte der Erinnerung gelenkt und damit die Anpassung an das Erlebte und die Situation gefördert werde. So wie von Rivers beschrieben, hatte es wohl einiges mit dem zu tun, was heute am stärksten in den kognitiven Therapien realisiert wird, nämlich ein kognitives Umstrukturieren, eine Veränderung in der Beurteilung des Erlebten.

Bemerkenswert ist außerdem, dass sich Rivers, ernsthafter als zahlreiche Forscher noch 100 Jahre später, mit der Frage nach den Einflüssen seiner eigenen Überzeugung und der möglichen Suggestion auf seine Behandlungsergebnisse auseinandergesetzt hat. Solche Einflüsse wurden von ihm als durchgängige Kräfte „hinter der Szene" bezeichnet („pervasive and subtle influence of these agencies working behind the scene"), die er bei allen gängigen Behandlungsmethoden ausgemacht habe, seien es Drogen, Diäten, Bäder, Elektrizität oder Psychoanalyse. Und er räumt ein, dass er in seiner späteren Arbeit so sehr vom Schaden einer Unterdrückung der Erinnerung überzeugt war, dass auch ein Einfluss seiner Überzeugung auf seine Behandlungserfolge nicht ausgeschlossen werden könne. Allerdings sei ein solcher Einfluss bei dem oben beschriebenen frühen Fall kaum möglich gewesen, denn damals sei er sich ja der so günstigen Wirkungen seiner Methoden noch gar nicht bewusst gewesen.

1.2.2 Zwischenkriegszeit

Nach dem Krieg war die Behandlung der Soldaten zum Teil massiver Kritik ausgesetzt.

> „Sie überhaupt Regimentsarzt schaun S' mir daß die Leut hinauskommen! ... treiben S' nicht die Humanität auf die Spitze! Was ein patriotischer Arzt ist, hat ein Frontlieferant zu sein! Nehmen S' sich ein Beispiel am Dr. Zwangler, der hat einem Zitterer einen Fetzen in den Mund gsteckt und ihn mit zwei elektrischen Behandlungen B—Befundtauglich gemacht. Oder der Dr. Zwickler! Der hat einen Ehrgeiz, von dem stammt bekanntlich die Idee, die Geschlechtsteile zu faradisieren, er will halt möglichst viele und rasche Erfolge erzielen, und es gelingt ihm! Nehmen S' sich ein Beispiel! Jetzt muß man halt bißl antauchen! Bei die Deutschen hams den Sinusstrom — mir san ja eh die reinen Lamperln" (Karl Kraus, 1922, S. 542f).

In Österreich hatte man 1919 eine Kommission zur Untersuchung entsprechender Verfehlungen einberufen. Als Vorsitzender war ursprünglich der einflussreiche Universitätsprofessor und spätere Nobelpreisträger Wagner-Jauregg vorgesehen, der dann aber wegen der gegen ihn selbst gerichteten Vorwürfe seinen Vorsitz zurücklegen musste. Dieser wurde an Sigmund Freud übertragen. Dem Schöpfer der Psychoanalyse passten die „Kriegsneurosen" vermutlich wenig ins Konzept, weil ja nach seiner Lehre die Ursachen aller Neurosen in der Kindheit lägen. Und nun sollte er, der noch immer um Anerkennung rang, ausgerechnet die Vorwürfe gegenüber einem einflussreichen Vertreter des medizinischen Establishments prüfen. Schließlich führte er in seinem Gutachten aus, dass die Ursache aller Kriegsneurosen, die dem Soldaten unbewusste Tendenz sei, sich den gefahrvollen oder „das Gefühl empörenden Anforderungen des Kriegsdienstes zu entziehen". Aber:

> „... die Affektregungen, die sich ... gegen den Kriegsdienst sträubten ... blieben unbewußt, weil andere Motive Ehrgeiz, Selbstachtung, Vaterlandsliebe, Gewöhnung an Gehorsam, das Beispiel der Anderen zunächst die Stärkeren waren, bis sie bei einem "passenden" Anlaß von den anderen, unbewußt wirksamen Motiven überwältigt wurden. An diese Einsicht in die Verursachung der Kriegsneurosen schloß sich eine Therapie an, die gut begründet schien und anfänglich sich auch als sehr wirksam erwies. Es schien zweckmäßig, den Neurotiker als Simulanten zu behandeln u sich über den psychologischen Unterschied zwischen bewußter und unbewußter Absicht hinauszusetzen, obwohl man wußte, daß er kein Simulant sei. Diente seine Krankheit der Absicht, sich einer unleidlichen Situation zu entziehen, so grub man ihr offenbar die Wurzeln ab, wenn man ihm das Kranksein noch unleidlicher als den Dienst machte ... Zu diesem Zwecke bediente man sich schmerzhafter elektrischer Behandlung und zwar mit Erfolg. Es ist eine nachträgliche Beschönigung, wenn Ärzte behaupten, die Stärke dieser elektrischen Ströme sei die nämliche gewesen, die von jeher bei funktionellen Störungen zur Verwendung kam. Dies hätte nur in den leichtesten Fällen

Von Freud wurden dauerhafte Erfolge der Behandlung angezweifelt, denn stand ein so „geheilter" Soldat „wieder im Feuer",

Da scheint doch manches bemerkenswert. So wusste Freud offenbar nicht nur gut über die Neigungen der Deutschen Bescheid, sondern auch besser über die Situation in deutschen Spitälern als über jene in Wien. Interessant auch, wie man in Wien dann „den Kriegsneurotikern" „das Kranksein noch unleidlicher als den Dienst" machen wollte, ohne die Behandlung ins Grausame zu steigern?

Bei der Beurteilung des Gutachtens muss aber berücksichtigt werden, dass es vor dem Hintergrund des grassierenden Antisemitismus und der auch in Österreich verbreiteten „Dolchstoßlegende" verfasst wurde, nach der Sozialisten, Juden und mangelnde Moral der Soldaten für die Kriegsniederlage verantwortlich gemacht wurden. Tatsächlich aber hatte das Gutachten die volle Rehabilitation von Wagner-Jauregg zu Folge und wohl auch zu einer Bestätigung der gängigen Ansicht beigetragen, dass bei den sogenannten Kriegsneurosen eine Unwilligkeit der Betroffenen bestünde.

Besonders grob wurde von einem anderen prominenten Vertreter der Psychoanalyse auf die „Traumatiker" eingeprügelt:

Auch wenn Ferenczi mit Depression, Schreckhaftigkeit, Ängstlichkeit und Reizbarkeit sehr verbreitete Traumafolgen erkannt hat, seine so abwertenden Äußerungen sind Spiegelung des Zeitgeistes, vielleicht aber auch eine sehr derbe Anbiederung an diesen. Welcher den leidenden Soldaten Minderwertigkeit und „Versorgungsbegehren" unterstellte. Entsprechend wurde den Betroffenen oft die Anerkennung als Kriegsopfer verweigert, wenn auch vorerst nicht ganz so häufig, wie sich das manche Eiferer gewünscht hätten (nach Rauh & Prüll, 2015). 1926 ist in Deutschland dann aber entschieden worden, dass eine Arbeitsunfähigkeit, die nur auf der Idee des Krankseins oder auf mehr oder weniger bewussten Wünschen beruhe, kein Grund für Kompensationen sein dürfe (nach Kloocke et al., 2005, S. 53).

Es waren außerdem Befürchtungen geäußert worden, dass im Krieg die "starken, gesunden und tapferen Helden" an der Front geopfert worden sind, während "die geistig Minderwertigen, Nutzlosen und Schädlinge" überlebt hätten, so Nonne, 1922 (zitiert nach Quinkert et al., 2010). Zunehmend haben sich deutsche und österreichische Ärzte auch für die Ausmerzung der "Minderwertigen" ausgesprochen (vergl. Hinterhuber, 2005; Quinkert et al., 2010). Dass man sich so auch der Last der vielen Kriegsgeschädigten entledigen konnte, wurde schließlich durch die Beurteilung von als hysterisch bezeichneten Zuständen als unheilbar begünstigt. Diese wurde - wohl wissend, dass damit Todesurteile ausgesprochen werden - mit prominenter psychoanalytischer Beteiligung (vergl. Peglau, 2019) geliefert: „Wir sind übereinstimmend der Ansicht, daß es auch eine hysterische Psychopathie, eine Entartungshysterie gibt, die völlig unheilbar ist …" (Schultz, 1940, zitiert nach Peglau, 2019). Unter den 70.000 Opfern der sogenannten T4-Aktion (nach Tiergartenstraße 4 in Berlin, dem organisatorischen Zentrum der Ermordung psychisch Beeinträchtigter) hätten sich dann auch bis zu 5000 – offenbar unheilbare - Veteranen des Ersten Weltkrieges befunden (nach Rauh & Prüll, 2015).

Wie es in wohl ungewöhnlichen Weise aus wirtschaftlichen Gründen zur Anerkennung einer Kriegsschädigung und der Bewilligung einer entsprechenden Rente kommen konnte, vermag der folgende Fallbericht aus Tirol zu zeigen:

Fallbericht „Schmieder Seppile" von Forcher & Mertelseder, 2015:

"»Melancholie wegen totaler Erschöpfung wegen ausgestandener Kriegsstrapazen und überstandener Ruhrerkrankung«, diagnostizierte der zuständige Militärarzt in Galizien als Krankheit des Kaiserjägers Josef Wiedemayr und ordnete seine Überstellung in die niederösterreichische Landesheil- und Pflegeanstalt Steinhof bei Wien an … Der 1887 geborene Kartitscher Schlosser, vulgo »Schmieder Seppile«, war 1910 als tauglich befunden worden … und war im August 1914 mit dem 2. Tiroler Kaiserjägerregiment nach Galizien geschickt worden. Was er dort mitmachte, überstieg seine körperlichen und nervlichen Kräfte. Die Tortur begann damit, dass er während eines starken Artilleriebeschusses verschüttet wurde und erst nach Stunden befreit werden konnte. Dann erkrankte er an der Ruhr, konnte seiner Einheit nicht mehr folgen und wurde von ungarischen Truppen aufgegriffen, die ihn als vermeintlichen Deserteur misshandelten und einsperrten. Vor dem Erschießen rettete ihn – so wird erzählt – der Kartitscher Lehrer Christian Oberlohr, der den Namen des Dorfgenossen auf einer Liste von Delinquenten entdeckte und das Missverständnis aufklären konnte. In Steinhof erholte sich das Seppile zwar von seiner akuten Nervenkrise, offenbar erkannten die Fachärzte dort aber die psychische Labilität des Tirolers, was kurz vor Weihnachten 1914 zu seiner Entlassung aus dem Militärdienst führte. So verbrachte Josef Wiedemayr die nächsten Jahre zu Hause. Als die Militärverwaltung gegen Kriegsende auf die letzten auch nur halbwegs Tauglichen zurückgriff, erklärte im März 1918 ein Arzt in Innichen den Kartitscher für geistig völlig gesund. An die Front musste er zwar nicht mehr, doch zog man ihn zur Kriegsdienstleistung im Hinterland ein. Dass man ihn ausgerechnet zur Aufsicht und Pflege geistesgestörter Soldaten im Innsbrucker Garnisonsspital einsetzte, die

---

ihn tätlich angriffen und misshandelten, war für den nur scheinbar Genesenen zu viel und er erlitt einen gravierenden Rückfall. Als ihn sein Bruder Leonhard, der in Thaur Kooperator war, besuchen wollte, war das Seppile aus dem Spital verschwunden. Die Suche nach ihm blieb erfolglos, bis er durch Zufall völlig verwahrlost in Matrei am Brenner entdeckt werden konnte. Am 10. Oktober wurde er endgültig vom Militärdienst entlassen (»dauernd beurlaubt«). Wieder zu Hause in Kartitsch bei Vater und Bruder Ludwig, konnte Josef Wiedemayr zeitweise seiner Arbeit nachgehen, doch traten immer wieder schwere Anfälle auf. Weil es immer schlimmer wurde und er nicht selten die Kontrolle über sich verlor, war schließlich ein Verbleib unter einem Dach mit der jungen Familie des Bruders nicht mehr zu verantworten. So kam das Seppile 1923 in die Landesheil- und Pflegeanstalt Hall. Ein spätes Opfer des Weltkriegs.

Diese Tatsache konnte nur jemand bestreiten, der sich vor Kosten drücken wollte. Und das war die Invalidenanstalt bzw. die Invaliden-Entschädigungs-Kommission. Gegen deren Bescheid vom 23. November 1923, die Rente nicht mehr weiter zu bezahlen, weil die Krankheit nicht auf Kriegsereignisse zurückzuführen sei, legte die Gemeinde Kartitsch Berufung ein. Sie hätte nämlich wegen der Mittellosigkeit des Vaters für die Pflegekosten aufkommen müssen. Der Gemeinderat verlangte die Beurteilung des Falles durch ein Schiedsgericht und drohte mit dem geschlossenen Rücktritt, wenn man Wiedemayrs Krankheit nicht als Kriegsfolge anerkenne. Letztlich wurde dem so schwer unter die Räder gekommenen ehemaligen Kaiserjäger die Rente wieder zuerkannt, sodass damit die Anstaltskosten bezahlt werden konnten. Während dieser Streitigkeiten lebte das »Schmieder Seppile« im Haller »Narrenhaus«, wie man damals zu sagen pflegte. Sein Leiden hatte sich beruhigt, eine Rückkehr nach Hause war jedoch weiterhin ausgeschlossen. Am 16. Jänner 1939 starb Josef Wiedemayr an den Folgen einer Lungenentzündung. Sein Bruder Leonhard, inzwischen Pfarrer, war später froh, dass Josef noch vor Inkrafttreten des nationalsozialistischen Euthanasiegesetzes eines natürlichen Todes gestorben war und nicht ein zweites Mal zum Opfer wurde.“

1.2.3 Zweiter Weltkrieg

Bei der Deutschen Wehrmacht wurden im Zweiten Weltkrieg zunächst vor allem gastrointestinale Beschwerden und eine als Kriegsmüdigkeit bezeichnete Erschöpfung berichtet. Für Piloten und besser qualifizierten Offiziere waren anfänglich auch psychotherapeutische Behandlungen vorgesehen, mit Anwendung von autogenem Training, Hypnose und tiefenpsychologischen Verfahren (Kloocke et al., 2005). Nicht-jüdische Psychoanalytiker waren teilweise gut ins NS-System integriert (vergl. Peglau, 2019).

In zahlreichen Magenbataillonen erfolgte die Behandlung durch Diät und mit regelmäßigen Zwangsuntersuchungen durch ein Gastroskop, das für diesen Zweck in einer starren Ausführung vorgeschrieben war (Valentin, 1977).

Als Drogen fanden nicht nur das stimulierende und zur Leistungssteigerung eingesetzte Pervitin, sondern auch Opiate und Barbiturate Verwendung. Ein zunehmendes Alkoholproblem wurde noch 1942 nach einem ärztlichen Bericht zusammen mit anderen Ursachen auf die Kriegsbelastungen zurückgeführt, konkret auf „seelische Belastung infolge starker Kampferlebnisse an der Front oder kriegsbedingter dienstlicher und persönlicher Schwierigkeiten“ (Müller-Heß & Rommeney, 1942, S. 151, zitiert nach Steinkamp, 2008, S. 380).

Eine Verbindung von diagnostischen Begriffen mit dem Begriff des Krieges, wie bei „Kriegsneurose" oder „Kriegszitterer", sei dann zunehmend vermieden worden, wohl auch um keinen Eindruck einer Verursachung solcher Störungen durch den Krieg zu machen (Kloocke et al., 2005). Mit der dennoch gegebenen Zunahme von "Nerven- und Geisteskrankheiten" sei es aber bald zur Wiedereinführung der schmerzhaften Behandlungen aus dem Ersten Weltkrieg gekommen. Besondere Bekanntheit hat dabei das sogenannten „Pansen" erlangt, eine von den Psychiatern Panse und Elsässer entwickelte Anwendung einer Elektrobehandlung mit hohen Stromstärken auf den ganzen (!) Körper. Während Panse die Durchführung der Behandlungen weitestgehende Elsässer überlassen habe, habe er selbst viel Werbung für seine Methoden betrieben (belegt durch Tagebuchaufzeichnungen, nach Kaul, 2012): Die Erfolge wären nahezu 100-prozentig, die meisten Patienten wären dankbar und zu Rückfällen käme es nur bei „konstitutionell schwer abnormen". Panse hatte schließlich erreicht, dass ab 1944 sein Lazarett regelmäßig zu Ausbildungszwecken besucht wurde und so seine Methode auch größere Verbreitung fand. Und den „Abnormen", die auch durch solche Methoden nicht zur Räson gebracht wurden, habe der Abschub in Strafkompanien, Anstalten oder Konzentrationslager gedroht (vergl. Kloocke et al., 2005; Spranger, 2005).

Ähnlich wie bei der Deutschen Wehrmacht scheint die Situation auch bei den Japanischen Streitkräften gewesen zu sein. Der Militärpsychiater Sakurai habe als Subtypen der Kriegsneurose, eine a) hypochondrische, b) eine paranoide, c) eine utilitaristische, d) eine hysterische und e) eine fluchtartige ausgewiesen (Sakurai, 1942a, zitiert nach Goto & Wilson, 2003) und zur Behandlung ebenfalls Elektroschocks empfohlen (Sakurai 1942b, zitiert nach Goto & Wilson, 2003).

Weniger radikal war wieder bei den Amerikanischen Streitkräften vorgegangen worden. Hier habe es die Anweisung gegeben, alle psychischen oder psychiatrische Störungen zunächst mit der Diagnose „combat exhaustion" (Erschöpfung) zu versehen. Damit sollte eine Implikation von eher anhaltenden psychischen Störungen vermieden, aber auch einem so angenommenen Gefühl der Betroffenen entsprochen werden (Jones, 1995, S. 12). Auch wurde wieder auf die Methoden der "forward"-Behandlung zurückgegriffen, mit den Prinzipien der Nähe, der Kurzfristigkeit und der Einfachheit, befürwortet auch von den Psychiatern und Psychoanalytikern Kardiner (1947) und Menninger (1948). Sie böte bessere Chancen, die Betroffenen bald wieder an die Front zu bringen, würde bei den an der Front zurückbleibenden Kameraden zu weniger Unmut und Demoralisierung führen und sei allgemein besser geeignet als eine Krankenhausbehandlung (Menninger, 1948, S. 290). Die Soldaten sollten das Gefühl haben, bald wieder ihren Kameraden beistehen zu „dürfen": „the boys are waiting for you" (Kardiner, 1947, S. 409).

Wenn ein von psychischen Problemen betroffener Soldat nach der Verabreichung von Beruhigungsmitteln, Schlaf und einem warmen Essen nicht zurück zu seiner Einheit konnte, sei er zur weiteren Abklärung in eine „clearing station" gebracht worden. Abgesehen von den wenigen, welche man von dort sogleich ins Hinterland verlegt habe, sei der weit überwiegende Anteil zunächst hier belassen und mithilfe von Barbituraten mit 12 bis 24 Stunden Schlaf, ausreichend Essen und der Gelegenheit sich zu duschen und zu rasieren versorgt worden. Wenn damit binnen zwei bis drei Tagen noch keine Rückkehr an die Front möglich war, sei eine Verlegung in ein sogenanntes „exhaustion center" vorgesehen gewesen. Hier sollte für 5 bis 8 Tage, wieder mit dem Einsatz von Beruhigungsmitteln viel Schlaf, Psychotherapie und Erholung geboten werden. Bei manchen Einheiten sei daran anschließend noch eine Woche militärisches Training vorgesehen gewesen (Menninger, 1948, S. 306f).

Nach Kardiner (1947) waren bei der traumatischen Neurose eine akute und eine chronische Phase zu unterscheiden. Der akuten Phase ginge eine prodromale Phase voraus, mit Schreckhaftigkeit, Gleichgültigkeit, Irritierbarkeit, Unfähigkeit, sich zu entspannen, Schlafstörungen, Appetitverlust. In diesem Zustand könne jede Bedrohung zu einem völligen Kontrollverlust, einer kompletten Desorientierung und Desorganisation führen. Entscheidend für diese akute Phase, in der sehr vielfältige Symptome vorliegen könnten, wäre ein Verlust an Vertrauen, die Angst, dass die Gefahren des Einsatzes durch einen selbst oder durch die Bezugsgruppe nicht mehr zu bewältigen wären. Dieses traumatische Syndrom könne jede Persönlichkeit betreffen, durch die Persönlichkeit werde lediglich das klinische Erscheinungsbild bestimmt (S. 95). Das gelte auch für die chronische Phase, deren Symptome die primäre Funktion hätten, die Angst zu verbergen, beziehungsweise zu bewältigen. In einer Reihe von Fallberichten beschreibt Kardiner Formen von Hypochondrie, Schizophrenie, Übertragungsneurosen, Tics, autonomen und psychosomatischen Störungen, motorischen und sensorischen Störungen sowie epileptischen Symptomen als Folgen von Kriegserfahrungen und kommt zu dem Schluss, dass bei jeder der bekannten neurotischen und psychotischen Störungen eine vorausgegangene traumatische Erfahrung vorliegen könne (Kardiner, S. 166).

In der Behandlung habe der Arzt die Rolle eines beschützenden Elternteils einzunehmen (S. 390). In der chronischen Phase trete gegenüber der akuten Phase die Anwendung von Hypnose und Barbituraten etwas in den Hintergrund zugunsten eines direkten bewussten Zuganges. Dieser bewusste Zugang, in einer Reihe von Fallberichten beschrieben, beinhaltete zumeist eine genauere Trauma-Rekonstruktion und die Zielsetzung, die Realitäten anzuerkennen und in der äußeren Welt wieder Fuß zu fassen: „Every effort should be bent to reeducating the patient to the actual realities in which he lives rather than to the dangerous and inhospitable world in which he fancies himself" (S. 390).

Nach Menninger haben amerikanische und britische Psychiater die Psychotherapie häufig mit der Verwendung von Beruhigungsmitteln kombiniert. Als solche Mittel wären Barbiturate, Äther und Lachgas zur Anwendung gekommen. In einem Dämmerzustand zwischen Bewusstheit und Schlaf sollte es den Soldaten leichter fallen, sich an das Erlebte zu erinnern und auch darüber zu sprechen. Egal ob unter dem Einfluss von Sedativa oder nicht, die heftigen emotionalen Reaktionen, die bei der Bearbeitung der Erinnerungen auftreten konnten – psychoanalytisch als Abreaktionen bezeichnet - waren durchaus erwünscht. Diese wären eine notwendige Befreiung bislang unterdrückter Emotionen und könnten wesentlich zu einer Klärung und Entlastung beitragen (Menninger, 1948, S. 309f).

Gemäß Kardiner (1947) sollten die von größeren Problemen betroffenen Soldaten nicht mehr in den Einsatz geschickt werden, weil schon kleine traumatische Neurosen das Potential für die Entwicklung viel größerer in sich trügen (Kardiner, 1947, S. 409). Nach Menninger (1948) wären dennoch etwa 60 Prozent aller Behandelten wieder an die Front entlassen worden, wohl wissend, dass dies deren Störungen verschlimmern könne. Es sei die Hauptaufgabe der Medizin gewesen, die Kampfkraft zu erhalten, und man habe Männer in die Hölle des Krieges zurückgeschickt, von denen man in vielen Fällen wusste, dass es ihre Krankheit verschlechtere:

> Whatever per cent were returned to duty does not mean that these men were completely well. It was the Medical Corps chief function to maintain the fighting strength, so that, if a physician considered a man able to perform further duty he was sent back to the line. Psychiatrists had the difficult assignment of returning men to the hell of battle, knowing full well that in many instances it would make their illness worse. On the other hand they evacuated 40 per cent to the rear … because they were judged incapable … (Menninger, 1948, S. 308).

Tatsächlich bestanden hohe Rückfallraten (Jones & Wessely, 2003). Und bei 27 Prozent der entlassenen Army- und 16 Prozent der entlassen Navy-Angehörigen sei die Entlassung mit der Diagnose einer „Psychoneurose" begründet worden (Brill & Beebe, 1955).

1.2.4 Die Folgen der Weltkriege

Nachuntersuchungen an Kriegsveteranen sind in den Vereinigten Staaten schon nach dem Ersten Weltkrieg durchgeführt worden. Dabei waren bei 31 Prozent von 758 Veteranen, die während des Krieges wegen Kriegsneurosen in einem „Base-Hospital" behandelt worden waren, auch noch 1924 bis 1925 deutliche neurotische Störungen und Anpassungsschwierigkeiten festzustellen (Fenton, 1929).

Nach dem Zweiten Weltkrieg wurde von Brill & Beebe (1955) eine groß angelegte Untersuchung über ehemaligen Armee- und Marineangehörige vorgestellt. Bei den Untersuchten handelte es sich um 1475 Veteranen, bei denen während der Kriegsjahre 1944 oder 1945 die Diagnose Psychoneurose gestellt worden war. Diese wäre häufiger bei Soldaten aus Einheiten oder in einer Funktion mit einer direkten Beteiligung an Kampfhandlungen gewesen als bei Soldaten einer Vergleichsgruppe. Nach dem Vorliegen spezifischer traumatischer Erfahrungen ist nicht gefragt worden, aber unmittelbar vor dem berichteten „breakdowwn" wären überwiegend längere Kampfhandlungen vorgelegen.

Bei einer psychiatrisch eingehender untersuchten Teilstichprobe von 592 Personen wären noch 1948 – 1950 die folgenden Beeinträchtigungen festzustellen gewesen (hier nur die Nennungen mit einer zumindest 10-prozentiger Häufigkeit):

1) Irritierbarkeit	(48,6%),
2) Unruhe	(45,4%),
3) Angst	(45,3%),
4) Kopfschmerzen	(42,8%),
5) Gastrointestinale Beschwerden	(41,7%),
6) Beschwerden des Bewegungsapparats	(34,8%),
7) Schlafstörungen	(31,9%),
8) Depression	(29,6%),
9) Albträume	(22,1%),
10) Kardiovaskuläre Beschwerden	(21,9%),
11) Konzentrationsschwierigkeiten	(20,1%),
12) „Hysteria"	(10,1%).

43 Prozent der Untersuchten hätten keine einzige der angegeben Beschwerden vor ihrem Kriegseinsatz gehabt, immerhin 24 Prozent aber alle auch schon vorher. Der allgemeine Gesundheitszustand sei nach Selbsteinschätzung der Veteranen zum Zeitpunkt der Entlassung aus dem Dienst bei etwa 80 Prozent und zum Follow-Up-Zeitpunkt bei etwa 70 Prozent schlechter gewesen als vor dem Dienstantritt. Knapp 53 Prozent der Untersuchten hätten keinerlei und die übrigen nur sehr geringfügige Kompensationsleistungen erhalten, weniger als 10 Prozent mehr als 50$ pro Monat. 25 Prozent all jener, die psychiatrisch als schwerstens beeinträchtigt einzuschätzen waren, bekamen gar keine Kompensationszahlungen (Brill & Beebe, 1955).

„If a state orders her men to fighit, it accepts the obligation to care for them" (nach Rosenburg, 2012, S. 222), so war schon nach dem amerikanischen Bürgerkrieg von einem Gouverneur die Pflicht des Staates eingeklagt worden. Doch nach den Weltkriegen scheint das Ausmaß der Schädigungen weit über den wirtschaftlichen Möglichkeiten gelegen zu haben und oft wohl auch jenseits aller politischen Interessen. In den Vereinigten Staaten war von Kardiner (1948) empfohlen worden, keine Kompensationen (Entschädigungen, Pensionen) zu leisten, sondern eine entsprechende Behandlung (S. 411). Nur wenn eine solche keinen ausreichenden Erfolg zeige, sei eine weitere Verantwortlichkeit der Regierung gegeben. Das aber auch bei solchen Betroffenen, bei denen eine Prädisposition angenommen werden kann, da diese ja nicht als die alleinige Ursache für die Entstehung einer traumatischen Neurose anzusehen wäre (S. 412).

Viele Studien zeigen, dass die Folgen der Kriegsbelastungen sehr lange anhaltend waren. So waren beispielsweise noch Jahrzehnte nach dem Kriegsgeschehen schwere Belastungsschäden bei ehemaligen amerikanischen (Lee et al., 1996) und deutschen Soldaten (Kuwert et al., 2008) auszumachen. Für viele Soldaten bestanden aber neben den Belastungen durch ihre Kampfhandlungen auch solche durch ihre Gefangenschaft, welche vor allem Angehörige der deutschen Wehrmacht oft jahrelang unter sehr schweren Bedingungen betroffen hat (vergleiche Goltermann, 2009).

Keinesfalls darf das Grauen für viele Zivilisten vergessen werden. Und das wahrscheinlich schlimmste Gemetzel in der Geschichte der Menschheit wurde nicht durch kämpfende Soldaten, sondern durch feige Sadisten und Mörder der Deutschen Schutzstaffel und ihre Helfer gegenüber Wehrlosen vollzogen. Für die körperlichen und seelischen Folgeschäden der Überlebenden der Konzentrationslager ist von Eitinger (1961) die Bezeichnung "concentration camp syndrome" geprägt worden. Als Teil dieses Syndroms waren gehäuft Erschöpfung, Depression, Angst und emotionale Labilität festzustellen (Nathan et al., 1964). Auch diese Schädigungen haben über Jahrzehnte angehalten, mit einem eher fortschreitenden Verlauf (Jabłoński et al., 2015).

Die Schädigung von Zivilisten hat auch durch die erfolgten Luftangriffe ein schreckliches Ausmaß erreicht. Das betrifft die beiden Atombombenabwürfe über Hiroshima und Nagasaki, aber auch die Bombardements von englischen und deutschen Städten. Bei den Betroffenen der Atombombenabwürfe hat eine Untersuchung der ersten psychischen Folgen für die ersten Wochen zumeist einen emotionalen Stupor, also ein emotionales Erstarren, eine Betäubung, gezeigt (Okomura & Hikita, 1949, zitiert nach Ohta et al., 2000, S. 97), später dann vermehrt Somatisierungsstörungen, Angst und Depression (Yamada et al., 1996, zitiert nach Ohta et al., 2000, S. 98). Die vermutlich erste Untersuchung an Überlebenden der Luftbombardements in Deutschland ist von Panse durchgeführt und 1952 unter dem Titel „Schreck und Angst" publiziert worden. Er habe von zahlreichen vegetativen Störungen, Bewusstseins- und Wahrnehmungseinengungen, Suggestibilität, einem veränderten Zeitempfinden, einer Sensibilisierung gegenüber auslösenden Reizen, starken Emotionsregungen von Euphorie bis hin zur Panik, aber auch Apathie berichtet. Und sei zu dem Schluss gekommen, dass diese Probleme nur vorübergehend und grundsätzlich reversibel sind - außer bei „konstitutionell Disponierten" (Panse, 1952, zitiert nach Lehmacher, 2013, S. 61).

Auch bezüglich anderer Kriegsgeschädigter hat Panse konsequent die Meinung vertreten, dass außer bei einer entsprechenden Disposition die negativen Folgen der Kriegsbelastungen nur vorübergehend und reversibel wären. Er war im bundesdeutschen Sachverständigenrat für Kriegsopferversorgung tätig und dürfte dieser viel Geld erspart haben (nach Forsbach, 2011). Disposition und das Erfordernis von zumeist nicht nachweisbaren körperlichen Ursachen der Schädigungen waren dann oft auch der Grund für eine Ablehnung von Ansprüchen von Heimkehrern aus der Gefangenschaft, deren Probleme häufig mit dem Begriff der „Heimkehrerneurose" abgetan wurden (Goltermann, 2009).

Schäbig war auch der Kampf gegen Kompensationen und Entschädigungen bei den Überlebenden der Konzentrationslager. Deren Forderungen waren zumeist ebenfalls mit der Annahme unterlaufen worden, dass ein Anhalten von psychischen Problemen auf eine schon vorher bestandene Störung zurückgeführt werden müsse (Seidler, 2009). Zu deren Bestehen der Psychoanalytiker Niederland 1961 geäußert hat, dass er in seiner Arbeit mit Überlebenden nur selten eine ernsthafte Prädisposition oder Vorschädigung habe feststellen können; alleine das Überleben im Konzentrationslager an sich würde ja eine ungewöhnliche Widerstands- und Anpassungsfähigkeit bestätigen (nach Koranyi, 1969). Der aus Österreich in die Vereinigten Staaten vertriebene Psychologe und Psychoanalytiker Eissler hat die Konflikte um Wiedergutmachung wie folgt beschrieben: „Die Fehde wiederholt sich in fast monotoner Weise, wenn ein hier in den Vereinigten Staaten lebendes Opfer der nationalsozialistischen Verfolgungen ...

Wiedergutmachungsansprüche ... erhebt ... Der vom deutschen Konsulat zugezogene Psychiater erklärt das Leiden als nicht durch die Verfolgung, sondern durch Anlage bedingt" (Eissler, 1964, Summary). „Die Ermordung von wievielen seiner Kinder muss ein Mensch symptomfrei ertragen können, um eine normale Konstitution zu haben?" so hat dann Eissler (S. 241) sehr pointiert die sich aus dieser Praxis ergebende Frage formuliert!

Dass psychische Kriegsschädigungen in Deutschland und Österreich weniger thematisiert und untersucht wurden als in anderen Ländern ist wenig überraschend:

1) Schon unmittelbar nach dem 2. Weltkrieg stand Europa im Banne des „kalten Krieges", in dem Deutschland und auch Österreich an der Front lagen. Angesichts einer als solche wahrgenommenen unmittelbaren neuen Bedrohung hat die Auseinandersetzung mit psychischen Kriegsfolgen keine guten Aussichten gehabt.

2) Eine sachliche Aufarbeitung der Kriegsfolgen ist durch Fragen nach Schuld- und Täterschaft und vor allem deren Abwehr erschwert worden.

3) Den nationalsozialistischen Verwirrungen entsprechend sind im deutschsprachigen Raum mehr noch als anderswo psychische Probleme mit Schwäche und Minderwertigkeit verbunden worden.

4) Die wirtschaftliche Not und das Erfordernis eines raschen Wiederaufbaues standen im Vordergrund. Die medizinische Versorgung lag darnieder, viel zu wenig Geld war für die Kriegsopferversorgung verfügbar. Eine Kostenwahrheit im Sinne einer Abgeltung aller Kriegsschädigungen hätte alle wirtschaftlichen Möglichkeiten überschritten.

5) Auch für die psychologische und psychiatrische Forschung waren keine ausreichenden Ressourcen vorhanden.

6) Wie nach dem 1. Weltkrieg wurde versucht, die teilweise traurige Rolle der Medizin/Psychiatrie zu verschleiern (vergl. Schneider, 2011; Psota, 2018). Dabei konnten viele Psychiater, die schon vor und während des Krieges mit ihren zweifelhaften Methoden „gegen Simulanten und Psychopathen" gekämpft haben, noch einen großen Einfluss ausüben. So ist auch Elsässer schon 1945 mit einem Lehrauftrag für Psychiatrie ausgestattet worden. Elsässer, der sich auch sehr in einem psychoanalytischen Ausbildungsverein engagiert hatte, hat dann die im Krieg verwendeten "psychotherapeutischen" Behandlungsmethoden als sehr viel weniger brutal und mit viel geringeren Stromstärken beschrieben als das sein Vorgesetzten Panse dokumentiert hatte (nach Kaul, 2012). Auch Panse konnte nach dem Krieg Funktionen als Universitätsprofessor ausüben, aber auch als Krankenhausleiter und im Sachverständigenrat für Kriegsopferversorgung (nach Forsbach, 2011).

Und ein erschreckend oberflächlicher Umgang mit dem Gegenstand und der Geschichte wird von manchen Zeitgenossen auch noch im 21. Jahrhundert gepflegt. So versuchte noch 2004 ein Universitätsprofessor Dörner die Diagnose der posttraumatischen Belastungsstörung mit folgenden Äußerungen in Frage zu stellen:

„Als die Ärzte im Ersten Weltkrieg Patrioten waren, lehnten sie es ab, die „Kriegszitterer" als Krankheit anzuerkennen". Und: „Als das Reichsversicherungsamt 1926 die traumatische Neurose nicht mehr als Krankheit anerkannte, verschwand auch die Diagnose" (S. S327). Als Draufgabe wurde von Dörner auch noch ein mit Berufsverbot belegter Familienaufsteller zitiert: „Wer ein wirklich schweres Schicksal hat, ist in der Regel stark genug, es zu tragen" (S. S328).

Der Wahnsinn der Weltkriege hat unermessliche Schmerzen und Leiden über große Teile der Menschheit gebracht. Auch lange anhaltende und bleibende, durch Verluste und nicht auszulöschende grauenvolle Erinnerungen. Und den Heerscharen an Traumatisierten standen Heerscharen an Ärzten gegenüber, von denen untersucht, dokumentiert und behandelt wurde oder zumindest Entsprechendes behauptet. Der Nutzen für die Entwicklung von wirkungsvollen Behandlungsmethoden war aber noch gering. Natürlich hat es an vielen Ressourcen gemangelt. Mit Sicherheit ist aber die Forschung wesentlich durch forschungsfremde Interessen behindert worden, vor allem dem Kampf um Frontsoldaten und gegen Entschädigungsansprüche, dem „Kampf gegen Simulanten und Psychopathen".

1.3 Vietnam und ein Aufbruch

In der Entwicklung der Psychotraumatologie haben Kriege allerdings weiterhin eine bedeutende Rolle gespielt. Von den Soldaten des Vietnamkriegs wurden Stressreaktionen zunächst aber nur mehr in einem geringen Ausmaß berichtet. Die bekannte "combat exhaustion" wäre für höchstens 5 Prozent aller Ausfälle verantwortlich gewesen. Von der amerikanischen Militärpsychiatrie wurde das auf den Erfolg von Auslese, Ausbildung und Ausrüstung der Soldaten zurückgeführt, auf die Anwendung von 12-monatigen Truppenrotationen, vor allem aber auf die konsequente Durchführung der "forward"-Behandlungen mit ihren bekannten Prinzipien der Nähe, Unmittelbarkeit und der positiven Erwartungen (Jones, 1995; Jones & Wessely, 2003). "... military psychiatry in the Vietnam conflict achieved its most impressive record in conserving the fighting strength", so wurden wieder einmal die Erfolge der Militärpsychiatrie bejubelt (nach Jones & Wessely, 2003, S. 415). Tatsächlich sind Repatriierungen oder gar Entlassung von Soldaten wegen schlichter "combat exhaustion" kaum akzeptiert worden. Viel eher sind solche wegen stärker beeindruckenden Diagnosen erfolgt: neurologischen Störungen, Schizophrenie, Suchterkrankungen, schweren Persönlichkeits- und Verhaltensstörungen, welche dann - wenig überraschend - mit zunehmender Häufigkeit festzustellen waren (vergl. Jones, 1995; Jones & Wessely, 2003). Bei den Heimkehrern aber haben sich Folgeschäden in einem noch nie gekannten Ausmaß gezeigt. Sehr wahrscheinlich, dass es gerade die gerühmten "forward"-Behandlungen waren, durch die ja die Betroffenen möglichst schnell wieder in den Kampf gebracht werden sollten, welche zu einer Verschleierung und Verschleppung von Schädigungen geführt haben, die damit verstärkt und verkompliziert wurden und zu einem späteren Zeitpunkt mit umso größerer Deutlichkeit in Erscheinung getreten sind. Die Warnung Kardiners (1947, S. 409), dass man geschädigte Soldaten nicht mehr an die Front schicken solle, wird auch in Vietnam nur wenig Berücksichtigung gefunden haben.

Hinsichtlich der verzögerten Reaktionen und der Spätfolgen militärischer Traumata sollte natürlich berücksichtigt werden, dass innerhalb des militärischen Rahmens Probleme von den Soldaten selbst und den für sie militärisch und medizinisch Verantwortlichen wahrscheinlich eher heruntergespielt werden als es später im zivilen Rahmen der Fall war. Doch die Kriegsfolgen konnten nun in der gegebenen demokratischen Informationsgesellschaft viel offener angesprochen und nicht mehr verschleiert oder verleugnet werden. Die Traumafolgen (Rensberger, 1972), ein „Post-Vietnam Syndrome" (Shatan, 1972) und „The Vietnam Disease" (Wicker, 1975) wurden nun ganz offen in der New York Times diskutiert.

Nach dem Psychiater und Psychoanalytiker Shatan (1971, zitiert nach Worthington, 1978) habe die Kampfausbildung „good Americans" zu „mass executioners" gemacht. Shatan beschrieb ein Post-Vietnam-Syndrom der Veteranen mit den folgenden Merkmalen (1972):

- Schuldgefühle,
- das Gefühl benutzt, getäuscht und betrogen worden zu sein,
- Wut,
- die Brutalisierung durch Ausbildung und Kampferfahrungen,
- ein Gefühl der Entfremdung gegenüber anderen,
- ein Verlust der Liebesfähigkeit.

Psychische Kriegsschäden der Soldaten konnten kaum mehr mit Simulation abgetan werden. Es waren mehr Forschungsressourcen gegeben, eine sorgfältigere Forschungsmethodik und vielleicht auch ein ehrlicheres und weniger voreingenommenes Forschungsinteresse. Und es wurden - ebenfalls den verbesserten Ressourcen entsprechend - mehr und mehr anhaltende Trauma-Folgeschäden aus einem Kontext bekannt, in dem es nicht um Entlassung aus einem Militärdienst gehen konnte und auch nicht um Renten- oder Kompensationszahlungen: Nämlich bei Betroffenen, bei denen die Entschädigungsfrage schon entschieden war, sowie aus anonymisierten Untersuchungen aus dem militärischen und dem zivilen Bereich.

Endlich hat sich die Forschung auch der interpersonellen Traumatisierungen von Frauen und Kindern angenommen, der "Verdins", "Stalingrads" und "Hues", die manche innerhalb von 4 Wänden erleiden mussten. Schon 1962 war von Kempe et al. nachdrücklich auf das Problem der körperlichen Kindesmisshandlung hingewiesen worden, später auch auf jenes des sexuellen Missbrauchs (Kempe, 1978).

1974 wurde von Burgess und Holmstrom ein "Rape Trauma Syndrome" beschrieben, mit einer akuten Phase und einer Phase der Reorganisation, die über Monate und Jahre andauere und vor allem durch Albträume, Phobien und sexuelle Störungen gekennzeichnet sei. Auch vermehrt depressive Symptome hätten sich bei Vergewaltigungsopfern gezeigt (Frank et al., 1979). Schließlich sind auch die Situation von geschlagenen Frauen und ein „battered woman"-Syndrom eingehender untersucht und dargestellt worden (Walker, 1979).

1.4 Symptomwandel und die Erfindung der posttraumatischen Belastungsstörung

Mit den bisherigen historischen Ausführungen sollte unter anderem aufgezeigt werden, welche unterschiedlichen Erscheinungsbilder von Traumafolgen berichtet wurden. Doch unter den Kriegstrauma-Syndromen war das beschriebene Post-Vietnam-Syndrom bei weitem nicht das letzte. Die Kriegsherren blieben aktiv, ihre Militärpsychiater und nun auch vermehrt ihre Militärpsychologen kreativ. So wurde etwa bei den Israelischen Streitkräften eine "combat stress reaction" und bei den Amerikanischen Streitkräften ein "Golfkriegssyndrom" beschrieben (Biesold & Barre, 2013). Die Form der berichteten Stressreaktionen scheint einem erheblichen Wechsel über die Zeiten unterworfen. Der sich beispielsweise auch in den über viele Jahrzehnte dokumentierten Diagnosen für Britische Militärpensionen abbildet (Jones et al., 2002).

Dass die Form der Beschwerdebilder von der Art der Belastungen abhängt, kann deren Unterschiedlichkeiten bestenfalls teilweise erklären. Am ehesten ein Zusammenhang mit spezifischen Belastungen könnte noch für die Zeit des Ersten Weltkrieg angenommen werden, in dem eine sehr große Anzahl von Soldaten den lang andauernden Stellungskriegen ausgesetzt war, in denen vielleicht ein besonderes Gefühl des Ausgeliefertseins geherrscht hat und jede Bewegung ein Todesurteil sein konnte. Des übrigen ist der Wandel der berichteten Reaktionen wohl eher auf die zeit- und kulturbedingten Veränderungen dahingehend zurückzuführen, was von den Militärärzten als angemessen, interessant und relevant beurteilt und entsprechend dokumentiert wurde. Dass das seine Rückwirkungen auf die Leidensbeschreibungen durch die Betroffenen gehabt hat, kann nur als selbstverständlich angesehen werden.

Schon von Menninger (1948) wurde nicht nur auf die Heterogenität der damals so genannten Psychoneurosen hingewiesen, sondern auch auf die erheblichen Unterschiede der aus den beiden Weltkriegen berichteten Störungsbilder (S. 128). Und auch von ihm wurde als Ursache hierfür die unterschiedliche theoretische Orientierung der Diagnostiker vermutet. Als Konsequenz wurde die Entwicklung von stringenteren diagnostischen Kriterien gefordert - „a better standardized nomenclature for the psychoneuroses" (1948, S. 129).

Als der bedeutendste Versuch einer standardisierten psychiatrischen Diagnostik muss das Diagnostische und Statistische Manual Psychischer Störungen (DSM) der American Psychiatric Association gelten. Dieses hatte Stress-Reaktionen auch schon in seinen Varianten von 1952 (DSM-I) und 1968 (DSM-II) vorgesehen, allerdings lediglich solche von vorübergehender Dauer. Auch in der ab 1967 gültigen 8. Version der International Classification of Diseases (ICD-8) der Weltgesundheitsorganisation waren Stressreaktionen zu finden, ebenfalls nur in vorübergehender Form als Anpassungsreaktionen im Alter und in der Jugend, der Kampfneurose, der Schweren Stress-Reaktion und der Situationsreaktion der Erwachsenen (Weltgesundheitsorganisation, 1967). Es hat wohl wieder ein wenig den (Nachkriegs-) Erfordernissen der Zeit entsprochen, dass man die Existenz von dauerhafteren Belastungsfolgen vorerst nicht akzeptieren wollte. Aber vor allem die Erfahrungen mit den Vietnam-Veteranen haben am Bestehen von dauerhaften Schädigungen keinen Zweifel gelassen, und so ist zu Recht das Fehlen einer entsprechenden Diagnose kritisiert und die Aufnahme einer dauerhaften Stress-Belastungsstörung in das DSM-3 gefordert worden (z. B. Horowitz, 1973).

Im Jahre 1980 war es dann so weit. Mit der so bezeichneten „posttraumatischen Belastungsstörung" (PTBS) wurde erstmals eine dauerhafte Trauma-Folgestörung in ein allgemein anerkanntes diagnostisches System aufgenommen. Im DSM-3 der American Psychiatric Association (1980) beschrieben als

A - eine Folge eines Ereignisses, das für fast jeden außergewöhnlich belastend wäre,
B - Wiedererleben mit mindestens einem Symptom aus
    a) belastenden Erinnerungen,
    b) belastenden Träumen,
    c) Flashbacks (Fühlen und Handeln wie während des Traumas),
C - Betäubung mit mindestens einem Symptom aus
    a) Interessensverlust,
    b) Entfremdung,
    c) eingeschränktem Affekt,
D - Überaktivierung und Vermeidung mit mindestens zwei Symptomen aus
    a) Schreckhaftigkeit,
    b) Schlafstörungen,
    c) Schuldgefühlen,
    d) Gedächtnis oder Konzentrationsstörungen,
    e) Vermeidung von Erinnerungen
    f) Verstärkung der Symptome durch Erinnerung.

Auch wenn von Friedman et al. (2010, S. 2) behauptet wurde, dass man damit den schon früher festgestellten und beschriebenen Trauma-Syndromen, wie etwa dem „rape trauma syndrome", „post-Vietnam syndrome", „concentration camp syndrome", „battered women's syndrome" am besten habe entsprechen können - die Fülle der früher berichteten Trauma-Folgen scheint durch diese Diagnose nicht abgebildet zu werden. Vor allem fehlen die häufig beschriebenen und oft auch zentralen depressiven Symptome. Doch für die Depression war gerade damals zum psychiatrischen Kredo erhoben worden, dass diese eine Stoffwechselstörung sei (vergleiche Cosgrove et al., 2024).

1.5 Neue therapeutische Ansätze

Für die nun neu definierte Störung wurden rasch auch mehr oder weniger neue therapeutische Ansätze entwickelt. Als einer der ersten in der wissenschaftlichen Literatur aufzufindenden Fallberichte über die Behandlung einer Person mit einer explizit so diagnostizierten PTBS, muss jener von Keane & Kaloupek (1982) gesehen werden. Bei der Auswahl ihrer Methode haben sie die verhaltenstherapeutische Methode der Reizüberflutung (flooding, implosive therapy) adaptiert und mit einer anhaltenden und wiederholten Konfrontation mit den traumatischen Erinnerungen auf eine „Löschung", ein Verlernen der mit diesen verbundenen Ängsten abgezielt.

Fallbericht „Der Veteran" nach Keane & Kaloupek (1982), übersetzt und gekürzt durch den Autor:

Der Betroffene war ein 36-jähriger dunkelhäutiger Vietnam-Veteran, der wegen seines seit Jahren bestehenden Alkoholproblems an einem stationären Programm der Veterans Administration teilgenommen hatte. Nachdem er zweimal alkoholisiert zu einer Nachkontrolle erschienen war, stellte sich heraus, dass er an chronischen Ängsten mit zwei bis drei Panikattacken wöchentlich litt, an Albträumen betreffend traumatisierende Kriegsereignisse, Schlafstörungen, Flashbacks, Depression, sozialen Ängsten und beruflichen Problemen. Aktuell war er geschieden, arbeitslos und hatte in den vergangenen drei Jahren sieben verschiedene Jobs gehabt.

Seine traumatisierenden Erlebnisse waren a) der Tod eines Kameraden beim Waffenreinigen, b) der Tod eines Kameraden im Gefecht, c) seine Angst und Hilflosigkeit als er im Wachdienst den Befehl bekommen hatte, erst dann zu schießen, wenn auf ihn selbst geschossen wurde.

Er wurde für eine weitere Behandlung für 22 Tage stationär aufgenommen. In einer ausführlichen Eingangsuntersuchung wurden unter anderem die Reaktionen des Betroffenen auf die drei Ereignisse getestet, und er wurde zu einer regelmäßigen Aufzeichnung von Schlafdauer und Angstzuständen angeleitet. Die Behandlungssitzungen dauerten insgesamt etwa 90 Minuten und beinhalteten jeweils

    - eine Besprechung der aktuellen Befindlichkeit und bei Bedarf der Nutzung von
        Problemlösungsfertigkeiten,
    - 10 Minuten der Entspannung,
    - 40 Minuten Reizkonfrontation (Flooding).

Bei der therapeutischen Konfrontation ging es um eine imaginative Auseinandersetzung mit den traumatisierenden Ereignissen, also um eine Exposition bezüglich der eigenen Erinnerungen. Zu Beginn wurde der Mann jeweils aufgefordert, sich die ganzen Rahmenbedingungen des traumatisierenden Ereignisses vorzustellen, vom Wetter bis zu den eigenen Stimmungen. Dann wurden die Details der Ereignisse langsam und in chronologischer Folge durch den Therapeuten präsentiert, wobei regelmäßig ein Feedback betreffend den weiteren Fortgang der Ereignisse eingefordert wurde. Bei erkennbaren Angstreaktionen wurde der Betroffene ermutigt, sich das Bild so lange zu vergegenwärtigen, bis die Angst nachlasse. Abgeschlossen wurde jede Konfrontationssitzung mit einer Vergegenwärtigung aller Ereignisse und Gefühle, welche unmittelbar auf das Ereignis gefolgt waren.

Das erste traumatisierend Ereignis - der Tod beim Waffenreinigen - wurde auf diese Weise durch insgesamt 8 Sitzungen behandelt. Das zweite traumatisierende Ereignis nur mehr durch 4 Sitzungen. Und schon bei der Eingangsuntersuchung zur Behandlung der 3. Traumatisierung äußerte der Betroffene

Zufriedenheit mit dem Gesamtergebnis der Behandlung und verlangte seine Entlassung. Diesbezüglich vermuteten die Autoren, dass bei der dritten Szene schon die beiden aus diagnostischen Gründen durchgeführten Konfrontationssitzungen einen therapeutischen Effekt gehabt hätten, und dass ein generalisierender Effekt beziehungsweise eine Übertragung aus den vorangegangenen Sitzungen zu den anderen beiden Traumata stattgefunden habe. Denn im Zuge der Behandlung hatte der Betroffene nicht nur deutlich verminderte Angstzustände und eine verlängerte Schlafqualität berichtet, sondern durch verminderte Pulsraten auch eine deutlich verminderte emotionale Reagibilität auf die imaginierten Szenen gezeigt. Und bei Nachuntersuchungen nach drei beziehungsweise 12 Monaten berichtete er geringere Ängste, und dass Albträume oder Flashbacks nur mehr etwa alle zwei Monate aufträten. Er trinke deutlich weniger Alkohol und benötige auch keine angstlösenden Medikamente mehr. Er habe einen guten Job, besuche eine Schule und habe eine neue, erfüllende Beziehung.

Angesichts der so raschen Verbesserung könnte sich fast die Idee aufdrängen, dass der Betroffene versucht hat, den Belastungen der Behandlung durch Besserungsbeteuerungen zu entkommen. Aber zusammen mit den Berichten des Betroffenen sprechen die Veränderungen hinsichtlich der Pulsraten und die Bereitschaft, auch zu den Nachuntersuchungen zu erscheinen, doch deutlich gegen eine solche Vermutung. Die hier auf die verhaltenstherapeutische Methode der Reizüberflutung aufbauende Methode ist dann unter führender Beteiligung von Edna Foa (1991) zur sogenannten prolongierten Exposition (PE) ausgebaut und verbreitet worden, der bis heute am häufigsten publizierten und in seiner Wirksamkeit am besten bestätigten Behandlung der PTBS.

Ebenfalls Bezug auf konfrontative verhaltenstherapeutische Methoden wurde 1989 von Francine Shapiro genommen. Bei traumatischen Erinnerungen sei es nach ihr jedoch schwierig, so wie das im Rahmen einer verhaltenstherapeutischen systematischen Desensibilisierung vorgesehen wäre, eine Angsthierarchie zu entwickeln und dann für eine imaginative Konfrontation einen Zustand der Entspannung herzustellen. Und bei Anwendung einer Reizüberflutung wären zu viele Sitzungen erforderlich und es könnten nur schwer die üblichen, mit dem Trauma verbundenen, irrationalen Kognitionen aufgelöst werden. Shapiro stellte dann diesen klassischen verhaltenstherapeutischen Methoden ihre Methode der „Eye Movement Desensitization" (EMD) gegenüber, die sie auf Grundlage einer zufällig gemachten Beobachtung entwickelt hatte. Shapiro hatte an sich selbst entdeckt, dass belastende Vorstellungen und Gedanken durch gleichzeitig durchgeführte sakkadische Augenbewegungen zum Verschwinden gebracht werden können. Darauf aufbauend entwickelte sie die Methode, bei der, hier vereinfacht beschrieben, die Behandelten angewiesen werden, sich ihre traumatischen Erinnerungen zu vergegenwärtigen und dabei mit ihren Augen der bewegten Hand der Therapeutin zu folgen. Shapiro habe in einigen Tests festgestellt, dass damit innerhalb von nur einer einzigen Sitzung 1) eine Desensibilisierung von traumatischen Erinnerungen, sodass diese als weniger belastend beschrieben werden, 2) einer Neubewertung (kognitive Restrukturierung) von ungünstigen belastenden Selbstbeurteilungen und 3) deutliche Verhaltensänderungen zu erreichen wären. Und führte zur weiteren Überprüfung dieser Beobachtungen auch eine randomisierte Studie durch, mit der eine deutliche Überlegenheit der EMD-Behandlung gegenüber einer „Placebo"-Behandlung belegt wurde (Shapiro, 1989). Noch mehr zur Anerkennung und Verbreitung der später als EMDR bezeichneten Methode („Eye Movement Desensitization and Reprocessing") habe nach Shapiro (2002) ein positiver Fallbericht ihres Lehrers Joseph Wolpe beigetragen, des bekannten Entwicklers der Methode der systematischen Desensibilisierung. Bemerkenswert erscheint an diesem Fallbericht vor allem, dass mit einer EMDR-begleiteten Konfrontation nicht auf die traumatischen Erinnerungen selbst abgezielt wurde, sondern erfolgreich auf die unterschiedlichen phobischen Ängste, die sich bei einem weiblichen Vergewaltigungsopfer in Zusammenhang mit ihrem Trauma entwickelt hatten (Wolpe & Abrams, 1991).

1.6 Die weitere Entwicklung der Diagnostik

Mit dem DSM-3 des Jahres 1980 war jedoch die Erfindung der PTBS noch lange nicht abgeschlossen. Nach Abänderungen im DSM-4 und DSM-5 wären nun nach DSM-5-TR (American Psychiatric Association, 1994, 2013, 2022) die folgenden Kriterien - hier etwas vereinfacht - gültig:

A - ein Trauma in Form von
- direkter Konfrontation der eigenen Person mit drohendem Tod, ernsthafter Verletzung oder sexueller Gewalt oder
- persönlichem Erleben einer Konfrontation von anderen Personen mit tatsächlichem oder drohendem Tod, ernsthafter Verletzung oder sexueller Gewalt oder
- Erfahrung, dass ein nahes Familienmitglied oder ein enger Freund eine ernsthafte Verletzung oder sexuelle Gewalt erlitten hat oder
- Erfahrung, dass ein nahes Familienmitglied oder ein enger Freund den Tod oder eine Todesbedrohung durch Gewalt oder einen Unfall erlitten hat oder
- Erfahrung von wiederholten und extrem aversiver Details von Tod, drohendem Tod, Verletzung oder sexueller Gewalt, auch vermittelt über visueller Medien, wenn diese im Rahmen beruflicher/dienstlicher Aufgaben wahrzunehmen waren.

B - Intrusionen mit mindestens einem Symptom aus
- wiederkehrende unwillkürliche belastende Erinnerungen,
- wiederkehrende belastende Träume mit Bezug auf das Trauma, -
- dissoziative Reaktionen/Flashbacks,
- psychische Belastung bei Erinnerungen an das Trauma,
- körperliche Reaktionen bei Erinnerungen an das Trauma,

C - Vermeidung mit mindestens einem der Symptome
- Vermeidung von Gedanken an das Trauma,
- Vermeidung von Situationen, die an das Trauma erinnern,

D - negative Veränderungen von Stimmung und Kognitionen mit mindestens zwei Symptomen aus
- Unfähigkeit sich an einzelne Aspekte des Traumas zu erinnern,
- anhaltende und übertriebene negative Überzeugungen,
- verzerrte Kognitionen,
- anhaltend negativer emotionaler Zustand (z. B. Furcht, Entsetzen, Wut, Schuld, Scham),
- vermindertes Interesse oder verminderte Teilnahme an wichtigen Aktivitäten,
- Gefühle der Abgetrenntheit oder Entfremdung von anderen,
- Unfähigkeit, positive Gefühle zu empfinden,

E - erhöhte Aktivierung mit mindestens zwei Symptomen aus
- Reizbarkeit und Wutausbrüche,
- riskantes oder selbstzerstörerisches Verhalten,
- übermäßige Wachsamkeit (Hypervigilanz),
- übertriebene Schreckreaktionen,
- Konzentrationsschwierigkeiten,
- Schlafstörungen.

Aber abgesehen von der Auswahl der Symptome und davon, dass diese auch anders gruppiert werden könnten (vergleiche Klingler, 2023a) - DSM und die American Psychiatric

Association sind nicht alleine. Es gibt auch noch die ICD der Weltgesundheitsorganisation (WHO), welche häufig von den Versicherungsträgern als Dokumentationsgrundlage verlangt wird und welche die PTBS 1992 in ihre ICD-10-Klassifikation der mentalen und behavioralen Störungen aufgenommen hat. Aktuell wäre gemäß WHO die Version ICD-11 zu verwenden, wobei im deutschen Sprachraum im Rahmen einer „flexiblen Übergangszeit" noch ICD-10 in der Version GM (German Modification) gültig wäre (Bundesinstitut für Arzneimittel und Medizinprodukte, 2024a und b). In diesen beiden Regelwerken wird die posttraumatische Belastungsreaktion wohl ähnlich, aber doch etwas anders definiert, so lautet die Definition im ICD-11 wie folgt:

> „Eine Posttraumatische Belastungsstörung (PTBS) ist eine Störung, die sich in Folge des Erlebens eines extrem bedrohlichen oder schrecklichen Ereignisses oder einer Reihe von solchen Ereignissen entwickeln kann. Sie zeichnet sich durch Folgendes aus: 1) Wiedererleben des traumatischen Ereignisses oder der Ereignisse in der Gegenwart in Form lebendiger intrusiver Erinnerungen, Flashbacks oder Albträume. Diese werden typischerweise von starken oder überwältigenden Emotionen, insbesondere Angst oder Entsetzen, und starken körperlichen Empfindungen begleitet; 2) Vermeidung von Gedanken und Erinnerungen an das Ereignis oder die Ereignisse oder Vermeidung von Aktivitäten, Situationen oder Personen, die daran erinnern; und 3) anhaltendes Gefühl einer erhöhten aktuellen Bedrohung, sich beispielsweise äußernd durch Hypervigilanz oder eine verstärkte Schreckreaktion auf spezifische, etwa unerwartete Reize. Die Symptome halten mindestens mehrere Wochen an und verursachen erhebliche Beeinträchtigungen in persönlichen, familiären, sozialen, erzieherischen, beruflichen oder anderen wichtigen Funktionsbereichen."

Neben der posttraumatischen Belastungsstörung werden auch andere Trauma-Folgestörungen beschrieben, also Störungen, welche auf das Erleben eines definierten Traumas zurückzuführen sind. Bei Erwachsenen wären das nach DSM-5-TR (American Psychiatric Association, 2022)

- die verlängerte Trauerstörung (dann, wenn das Ableben einer nahestehenden
    Person als ein Trauma einzustufen wäre),
- die Anpassungsstörung (dann, wenn der identifizierbare Belastungsfaktor als ein
    Trauma einzustufen wäre und die Symptome nicht länger als 6 Monate
    anhalten),
- andere näher bezeichnete trauma- und belastungsbezogene Störungen, (dann,
    wenn der identifizierbare Belastungsfaktor als ein Trauma einzustufen wäre und
    die Symptome länger als 6 Monate anhalten).

Von ICD werden entsprechende Störungen wiederum anders definiert. Als weitere Trauma-Folgestörungen bei Erwachsenen werden hier beschrieben (Bundesinstitut für Arzneimittel und Medizinprodukte, 2024a und b)

nach ICD-10 (Bundesinstitut für Arzneimittel und Medizinprodukte, 2024a)

- Anpassungsstörungen,
- sonstige Reaktionen auf schwere Belastung,
- Reaktion auf schwere Belastung, nicht näher bezeichnet,
- die andauernde Persönlichkeitsänderung nach Extrembelastung und
- die andauernde Persönlichkeitsänderung nach psychischer Krankheit (dann, wenn diese
    eine traumatische Erfahrung darstellt)

und nach ICD-11 (Bundesinstitut für Arzneimittel und Medizinprodukte, 2024b)

- die komplexe posttraumatische Belastungsstörung,
- die anhaltende Trauerstörung,
- die Anpassungsstörung,
- sonstige näher bezeichnete spezifisch Belastungs-assoziierte Störungen,
- spezifisch Belastungs-assoziierte Störungen, nicht näher bezeichnet.

Zum vorläufigen Ende in der Entwicklung der Diagnostik stehen wir nun also trotz der immer wieder erfolgenden Beteuerungen, dass man die Systeme aneinander anpassen wolle (American Psychiatric Association, 2022), vor einer unerfreulich unübersichtlichen Situation mit nur teilweisen Entsprechungen der beiden Diagnosesysteme. Von denen als eine unerfreuliche Gemeinsamkeit leider auch der Verzicht auf eine empirische Ableitung und Begründung der Taxonomien genannt werden muss. Gerade angesichts der Nähe von zahlreichen Mitarbeiterinnen und Mitarbeitern der gestaltenden Expertengremien zur pharmazeutischen Industrie kann das keinesfalls als unbedenklich gelten (Cosgrove & Krimsky, 2012, Klingler, 2023a).

1.7 Die Metaanalysen: Ein Blick ins Füllhorn

Mit der Anerkennung der PTBS als eine krankheitswertige Störung wurde eine enorme Forschungsaktivität initiiert, deren unüberschaubare Flut an Ergebnissen noch immer in einem rasanten Wachstum begriffen ist. Zum Teil muss leider auch ein menschliches Verhalten, welche zu einer fortgesetzten, wahrscheinlich zunehmenden Produktion von traumatischen Belastungen führt, wie eine wohl wenig beabsichtigte Förderung von Forschungs- und Publikationsmöglichkeiten erscheinen. Mit der Fülle an Ergebnissen, die nicht immer ganz einheitlich sind, ergab sich aber mehr und mehr das Erfordernis, diese zu ordnen und überschaubar zu machen. Die Einzelergebnisse wurden zunehmend in systematischen Reviews zusammengefasst, oft unter Anwendung von zusammenfassenden statistischen Auswertungsmethoden, sogenannten Metaanalysen. Im Zentrum der Aufmerksamkeit stand nun aber die PTBS, womit es auch zu einer Vernachlässigung anderer Traumafolgen gekommen ist. Ein erster Überblick über den aktuellen Stand der Mainstream-Forschung kann aber wohl am besten durch die vorliegenden metaanalytischen Ergebnisse geboten werden. In der folgenden exemplarischen Auswahl betrifft die jeweils angegebene Anzahl der Studien nur jene, auf deren Zusammenfassung das ausgewiesene Ergebnis beruht.

Die Häufigkeit einer PTBS nach potenziell traumatisierenden Ereignissen liegt

- nach Diamond et al. (2022) nach einem Monat bei etwa 27 Prozent (43 Studien) und
        nach 24 Monaten bei etwa 21 Prozent (6 Studien) und
- nach Smid et al. (2009) nach über 6 Monaten bei etwa einem Viertel der Betroffenen (24
        Studien).

Die Häufigkeit der Diagnose liegt

- bei Angehörigen von Rettungskräften nach Berger et a. (2012) bei etwa 10 Prozent
        (28 Studien) und
- bei Veteranen der amerikanischen Irak- und Afghanistaneinsätze (Fulton et al.,
        2015) bei etwa 23 Prozent (33 Studien).

Die Häufigkeit einer PTBS nach Covid-19, SARS und anderen lebensbedrohlichen Infektionskrankheiten liegt nach Yuan et al. (2021) bei

- mehr als 19 Prozent in der Allgemeinbevölkerung (38 Studien),
- fast 24 Prozent der Patienten (14 Studien),
- fast 27 Prozent des Gesundheitspersonals (28 Studien).

Eine PTBS-Diagnose liegt vor bei

- mehr als 63 Prozent der weiblichen Opfer körperlicher Gewalt durch den Partner (11 Studien, nach Golding et al., 1999),
- fast 29 Prozent der Überlebenden von Erdbebenkatastrophen innerhalb der ersten 9 Monate (28 Studien) und über 19 Prozent der Überlebenden von Erdbebenkatastrophen nach mehr als 9 Monaten (32 Studien, nach Dai et al., 2016),
- 7 bis 25 Prozent der Opfer von Brandkatastrophen, mehr als 2 Jahre nach dem Ereignis (19 Studien nach Giannoni-Pastor et al., 2016).

Als Einflüsse von prognostischen Variablen kommt es nach Tang et al. (2017) nach Erdbebenkatastrophen eher zu einem Auftreten einer PTBS

-bei minderjährigen Opfern bei

- höherem Alter (7 Studien),
- besserer schulischer Ausbildung (13 Studien),
- einem Eingeschlossenwerden (9 Studien),
- dem Erleben von Angst (2 Studien),
- eigenen Verletzungen (11 Studien),
- Trauer um Angehörige (18 Studien),
- dem Miterleben von Verletzungen und Tod (6 Studien),
- dem Verlust von Eigentum (11 Studien)

- und bei erwachsenen Betroffenen bei

- weiblichem Geschlecht (42 Studien),
- besserer Schulbildung und sozioökonomischem Status (30 Studien),
- frühere Traumatisierungen (2 Studien),
- einem Eingeschlossenwerden (6 Studien),
- dem Erleben von Angst (4 Studien),
- eigenen Verletzungen (14 Studien),
- Trauer um Angehörige (23 Studien),
-dem Miterleben von Verletzungen und Tod (6 Studien),
- einem Mangel an sozialer Unterstützung (14 Studien),
- einem Verlust der Arbeit (14 Studien),
- einem Verlust von Eigentum (11 Studien),
- einer Zerstörung des Hauses (21 Studien).

Bei militärischem Personal nach Dienst in Kampfzonen kommt es eher zu einer PTBS (Xue et al., 2015)

- bei weiblichem Geschlecht (14 Studien),
- Zugehörigkeit zu einer ethnischen Minderheit (14 Studien),
- einem niedrigeren Ausbildungsniveau (16 Studien),
- bei Nicht-Offizieren (21 Studien),
- einer Kampfspezialisierung (5 Studien),
- einer größeren Anzahl an Einsätzen (9 Studien),
- eine längere Gesamtdauer von Einsätzen (9 Studien),
- mehr belastenden Lebensereignissen (9 Studien),
- früheren Traumatisierungen (3 Studien),
- früheren psychischen Problemen (16 Studien),
- einer gehäuften Kampfexposition (10 Studien),
- einer Verwendung der eigenen Waffe (4 Studien),
- einem Miterleben von Verletzungen und Tod (9 Studien),
- einer besonderen Trauma-Schwere (9 Studien),
- bei dienstlichen Problemen (6 Studien),
- mangelnder Unterstützung durch die Einheit (7 Studien),
- mangelnder Unterstützung nach dem Einsatz (6 Studien).

Als die häufigste und wesentlichste komorbide Störung muss die Depression gelten, deren diagnostische Kriterien bei 52 Prozent der von einer PTBS Betroffenen erfüllt werden (Rytwinsky et al., 2013, 57 Studien).

Und endlich kann auch ein so lange vermisster körperlicher Beleg beziehungsweise ein körperliches Korrelat der Störung erkannt werden: ein bei Traumatisierten mit PTBS im Vergleich zu Traumatisierten ohne PTBS vermindertes Hippocampus-Volumen (Logue et al., 2018, 16 Studien).

Die Möglichkeiten, die Entwicklung einer PTBS nach einem potenziell traumatisierenden Ereignis im Sinne einer sekundären Prävention einzudämmen oder zu verhindern, müssen als sehr eingeschränkt beurteilt werden. Sie kann nach Wright et al. (2019)

- nicht erfolgen durch eine Behandlung mit Propranolol, Oxytocin, Gabapentin,
        Fischöl, Dexamethason, Escitalopram, Imipramine oder Chloralhydrat (16
        Studien),
- nur eingeschränkt durch eine Behandlung mit Hydrocortison (3 Studien)

- und nach Rose et al. (2002) nicht durch die Durchführung von einmaligen
        Gruppensitzungen im Sinne eines sogenannten „Debriefings" (9 Studien).

Hinsichtlich der Behandlung einer bereits bestehenden PTBS wurde belegt, dass

- die Serotonin-Wiederaufnahmehemmer Fluoxetine, Paroxetine and Venlafaxine eine
bessere Wirksamkeit aufweisen als Placebo (Hoskins et al., 2016, 21 Studien),
- im direkten Vergleich von Pharmakotherapie und Psychotherapie (Merz et al., 2019)
zu Ende der Behandlung keine Unterschiede bestehen (4 Studien), in der
langfristigen Wirksamkeit jedoch deutliche Vorteile der Psychotherapie
gegenüber der Pharmakotherapie (3 Studien) und kein Unterschied der
Psychotherapie zu einer Kombinationsbehandlung (2 Studien),
- bei Erwachsenen die Effektstärken für die Verfahren der kognitiven
Verhaltenstherapie günstiger als für alle anderen untersuchten
Behandlungsverfahren sind, einschließlich der medikamentösen (Lee et al.,
2016, 55 Studien),
- bei Erwachsenen unter den psychologischen Behandlungsverfahren die besten
Ergebnisse für die traumafokussierten verhaltenstherapeutischen Methoden
„cognitive processing therapy", „cognitive therapy" und „prolonged exposure"
sowie für das EMDR vorliegen (Lewis et al., 2020, 114 Studien),
- auch bei Kindern und Jugendlichen die Verfahren der kognitiven Verhaltenstherapie
die größten Effektstärken aufweisen (Morina et al., 2016, 39 Studien) und
- günstigere Ergebnisse bei Durchführung der Behandlungen im Einzelsetting als im
Gruppensetting bestehen (Morina et al., 2021, 136 Studien),
- günstige Ergebnisse auch bei einer Durchführung einer kognitiven
Verhaltenstherapie über das Internet zu erwarten sind (Lewis et al., 2019, 10
Studien), weniger aber bei einer Anwendung der Selbsthilfe-App „PTSD-Coach"
(Goreis et al., 2020, 2 Studien).

Damit können die Metaanalysen wohl einen ersten Überblick über den Stand der Forschung bieten, sie beruhen aber immer auch auf einer Vereinfachung, weshalb ihre Ergebnisse keinesfalls als endgültig und der Weisheit letzter Schluss anzusehen sind. Und sollen, soweit es die Therapieforschung betrifft, auch noch einer kritischen Würdigung unterzogen werden. Bei genauerer Sichtung des vorhandenen Materials fällt allerdings wieder auf, dass ein großer Teil der Forschung bei militärischem Personal durchgeführt worden ist. Auch in der Metaanalyse zur Psychotherapie der PTBS (Lewis et al., 2020) fanden sich wohl 41 Studien mit Personen mit unterschiedlichen Traumata, aber insgesamt 27 Studien zur Behandlung von traumatisierten Soldatinnen und Soldaten. Im Gegensatz dazu fanden sich nur 8 Studien über andere Kriegsopfer, etwa solchen, die durch Flucht und Vertreibung geschädigt wurden. Den Forschern der kriegsführenden Nationen scheinen mehr als genug traumatisierte Soldatinnen und Soldaten zur Verfügung zu stehen, welche wohl eher auf Interesse stoßen und leichter verfügbar sind als andere Kriegsopfer. Nur gut, dass die gewonnenen Erfahrungen auch für Zivilisten genützt werden können.

1.8 Die Schatten der Vergangenheit

Scheinbar Vergangenes wirkt lange nach. „Die Zeit heilt alle Wunden" - bei seelischen Verwundungen entspricht diese Tröstung nicht immer der Realität. Was durch zahlreiche Studien zu den Spätfolgen von Belastungen belegt wurde, beispielsweise bei

- Angehörigen des Holländischen Widerstands im Zweiten Weltkrieg
        (Hovens et al., 1994),
- Amerikanischen Veteranen des Zweiten Weltkrieges (Lee et al., 1996),
- Opfern eines körperlichen oder sexuellen Kindesmissbrauchs (Dubner & Motta,
        1999),
- Überlebenden einer Schiffskatastrophe (Yule et al., 2000),
- Überlebenden der Luftangriffe auf Dresden (Maercker & Herrle, 2003),
- Australischen Veteranen des Koreakrieges (Ikin et al., 2007),
- ehemaligen deutschen Kindersoldaten des Zweiten Weltkrieges (Kuwert et al.,
        2008),
- Überlebenden von Konzentrationslagern (Prot, 2009),
- zivilen Überlebenden des Zweiten Weltkrieges in Polen (Rzeszutek et al., 2020),
- Soldatinnen und Soldaten des Vietnamkrieges (Cypel et al., 2022).

Anhaltende Eindrücke hat auch die amerikanische Militärpsychiatrie gemacht, nicht nur bei vielen Geschädigten, denen nur unzureichend geholfen wurde, sondern auch bei Kritikern, welche damit vielleicht zukünftiges Leid und Missstände vermindern wollten. Noch lange nach dem Ende des Vietnamkrieges wurde die Bereitschaft der Ärzte angeprangert, Kriegsschäden herabzumindern, um Entlassungen und Entschädigungen zu minimieren (vergleiche Russel & Figley, 2017; Russel, Schaubel & Figley, 2018a; Russel, Schaubel, & Figley, 2018b). Dass solche Kritik eine dauerhafte Wirkung hat, scheint aber wenig wahrscheinlich. Denn die Kriegsherren, ganz egal, wo sie ihr Unwesen treiben, werden Kriegsschäden wohl immer so weit wie möglich bestreiten und dafür auch Helfer aus der Psychiatrie und der Psychologie finden. Aussagen, wie 2004 von Dörner getätigt - „Als die Ärzte im Ersten Weltkrieg Patrioten waren, lehnten sie es ab, die 'Kriegszitterer' als Krankheit anzuerkennen" - muten diesbezüglich ebenfalls wie Schatten der Vergangenheit an, Schatten aus den dunkelsten Zeiten der deutschsprachigen Medizin, welche sich immer noch über die Gegenwart legen. In der Kriegsherren nach wie vor eher bereit sind, Menschen in bewaffnete Einsätze zu schicken, als dafür entsprechende Verantwortung zu tragen. Was in Österreich, das ja zum Glück keine militärischen Kriege mehr führt, nur mehr selten der Fall ist. Aber der folgende erinnert sehr an altbekanntes Brauchtum:

Fallbericht „Der Gruppenkommandant", aus der Praxis des Autors:

Er hatte schon vor seinen Auslandseinsätzen mit dem Österreichischen Bundesheer einiges an Rückschlägen zu verkraften gehabt: Im Alter von sechs Jahren habe er weg von seiner Mutter und in Pflege zu einer Großmutter gemusst. Seine erste Ehe mit vier Kindern sei gescheitert, auch hatte er den Tod einer Schwägerin und eines Schwiegersohnes zu beklagen. Schließlich habe es einen Brand seines Betriebes gegeben, und er sei in Insolvenz geraten. Um die Schulden besser bewältigen zu können, sei er dann mehrmals in seiner Funktion als Unteroffizier der Miliz in den Auslandseinsatz gegangen. Für einen solchen wird nicht nur mit einem guten Verdienst, sondern auch mit einer angeblich hervorragenden sozialen Absicherung geworben. Beim letzten Einsatz, der im Rahmen sogenannter friedenserhaltender Maßnahmen unter einem UN-Mandat auf die Golanhöhen in Syrien erfolgte, hatte er dann auf einem sehr exponierten Posten 10 Mann einer Gruppe junger Soldaten zu befehligen. Zu dieser Zeit war der Bürgerkrieg schon recht heftig entflammt und um den Stützpunkt sei es häufig zu Gefechten gekommen. Immer wieder wurde entgegen der Dienstvorschrift verletzten Zivilisten Hilfe geleistet. Die Ausrüstung und Ausbildung der Gruppe war nicht für einen Kampfeinsatz, sondern primär für Beobachtungsaufgaben vorgesehen. Den sehr unberechenbaren Aufständischen wären sie in der Bewaffnung weit unterlegen gewesen, auch habe man nicht mit einer wirksamen Unterstützung von außen rechnen können. Bei Außenarbeiten zur notwendigen Reparatur eines Versorgungsweges sei er unter gezielten Beschuss gekommen. Auch der Stützpunkt selbst sei immer wieder beschossen worden, wenn auch vermutlich zumeist nicht gezielt. Einmal sei im Stützpunkt eine Granate explodiert, wie durch ein Wunder habe es aber keine Verletzte gegeben. Und als sich einmal bewaffnete und wild umher schießende Aufständische bedrohlich dem Zugang zum Stützpunkt genähert hatten, habe er sich diesen mit seinem Sturmgewehr im Anschlag entgegengestellt. Er habe sich sehr verantwortlich für seine „Bersch" (seine Burschen) gefühlt. Von vorgesetzter Seite sei eine Erkundung der Situation vor Ort als unnötig beurteilt worden. Und eine für den Notfall angeforderte Entsendung eines Sanitäters als zu gefährlich.

Er habe begonnen, unter Schlafstörungen zu leiden, immer wieder sei es zu Albträumen gekommen. Er sei zunehmend erregbarer geworden, habe zeitweise mehr Alkohol getrunken. Wieder daheim, sei er nachts aufgeschreckt mit seiner Jagdwaffe um das Haus gelaufen. Und in den Medien waren die österreichischen Soldaten nach ihrem vorzeitigen Abzug aus Syrien häufig als Feiglinge dargestellt worden. Auf einem Feuerwehrfest - er war langjähriges Mitglied der freiwilligen Feuerwehr - sei es dann dazu gekommen, dass er in alkoholisiertem Zustand seinen pubertierenden Stiefsohn geohrfeigt habe. Dieser habe eine unpassende Bemerkung über den Einsatz und das Verhalten der österreichischen Soldaten gemacht. Dass die Frau daraufhin die Scheidung angekündigt habe, sei schließlich Anlass gewesen, sich beim Bundesheer in eine Behandlung zu begeben. Die wegen des Auslaufens seines Dienstvertrages aber nur sehr verkürzt durchgeführt werden konnte.

Im Rahmen einer Nachuntersuchung hat er dann berichtet, dass er sein privates Jagdgewehr abgegeben habe. Er leide unverändert an Schlafstörungen und wiederkehrenden Albträumen über seine Einsatzerlebnisse. Er vermeide alle Kontakte, weil er über sein Befinden, dessen Ursachen und seine Einsatzerfahrungen mit niemandem reden wolle. Und leide zunehmend an einer quälenden Traurigkeit. Die empfohlene zivile Behandlung habe keine wesentliche Besserung gebracht, sie werde wegen der Kosten und der Entfernung zum Wohnort nur einmal monatlich in Anspruch genommen. Die Anerkennung der Schädigung als Dienstbeschädigung und die dagegen gerichtete Beschwerde beim Verwaltungsgerichtshof sind abgewiesen worden. Von der Sachverständigen für Psychiatrie ist dabei ausgeführt worden:

„... Es bestehe eine Psychotherapie, die allerdings nur einmal monatlich durchgeführt werde. Eine nervenfachärztliche Behandlung sowie eine Medikation bestünden nicht. Es sei auch keine Reha-Behandlung bzw. mit Ausnahme der Behandlung beim Bundesheer keine weitere stationäre Behandlung durchgeführt worden ...
Bei der heutigen Exploration zeigt sich eine nicht ausreichend behandelte chronisch-depressive Anpassungsstörung auf dem Hintergrund einer komplexen posttraumatischen Belastungsstörung, aber keine PTSD [PTBS] aufgrund eines einmaligen Traumas ...
Diese Gesundheitsschädigung ist nicht auf die bei seinem Auslandseinsatz am Golan erlebten Ereignisse, sondern auf bereits davor über Jahre vorhandene psychosoziale Belastungen zurückzuführen ...
Hätten die über Jahre anhaltenden multiplen exogenen Belastungsfaktoren nicht bestanden, hätte der Beschwerdeführer die Ereignisse verarbeiten können, ohne dass es zur vorliegenden Gesundheitsschädigung gekommen wäre" (Bundesverwaltungsgericht, 2018).

Wie alle Bundesheerangehörigen hatte Herr A. vor jedem seiner Auslandseinsätze eine umfangreiche medizinische und psychologische Eignungsuntersuchung zu absolvieren, die niemals ergeben hatte, dass er für einen Einsatz nicht ausreichend belastbar und daher für einen solchen nicht geeignet sei. Doch das ist sowohl vom Gericht als auch von der Sachverständigen unerwähnt geblieben.

2. Die Entwicklung der Therapieforschung: Sternstunden und Stolpersteine

2.1 Allgemeinklinische Wirksamkeitsforschung

Die eine Gruppe habe er gerettet und der anderen die Behandlung vorenthalten, ganz bewusst, denn er wollte zu einer Entscheidung kommen. So habe es der iranische Arzt Abu Bakr Muhammad Ibn Zakariy al-Razi beschrieben, im 10. Jahrhundert nach Christus, in seinem umfassenden medizinischen Lebenswerk, dem Kitab al-Hawi fi al-tibb. Dieses war später ins Lateinische übersetzt worden und hatte damit auch großen Einfluss auf die europäische Medizin gewonnen. Die Symptome der Leidenden, die er in seinem Experiment behandelt hat, hätten nach den Beschreibungen wohl am ehesten jenen einer infektiösen Meningitis entsprochen, und deren Behandlung sei in Form der von Al-Razi befürworteten Aderlässen erfolgt. Gut möglich also, dass die so behauptete „Rettung" der Patienten alleine in der Förderung ihrer Hoffnungen bestanden hat. Das Prinzip Hoffnung hat nämlich schon in der Medizin Al-Razis eine große Rolle gespielt. Denn, so habe er empfohlen, der Arzt müsse die Patienten von ihrer Behandlung überzeugen, auch wenn er selbst darüber im Zweifel sei (nach Tibi, 2006).

Eine systematische Untersuchung von Behandlungseffekten ist aus dem Europa des Mittelalters nicht bekannt. Nach Petrarca (1304-1374) habe aber ein Arzt selbst geäußert, dass mehr Kranke mit als ohne ärztlicher Behandlung verstürben (The James Lind Library, 2020). Was angesichts der lange bevorzugten Standardbehandlungen des Abführens und Aderlassens wenig überraschend erscheint. Hinsichtlich dieser hatte dann 1648 der flämische Arzt Joan Baptista van Helmont einen Behandlungsvergleich angeregt. Dabei solle eine Aufteilung einer größeren Anzahl von Patienten nach dem Los erfolgen und nur eine Hälfte davon mit Aderlässen und Abführen behandelt werden. Das sollte die Nutzlosigkeit und Gefährlichkeit dieser Methoden zeigen. Van Helmont habe den Vergleich in Form einer Wette vorgeschlagen, dies auch mit einem entsprechenden Wetteinsatz (nach Donaldson, 2016). Nicht bekannt wurde, ob sich jemals jemand dieser Wette gestellt hätte, vielleicht waren die meisten Ärzte einer vergleichenden Therapieforschung weniger aufgeschlossen. Und ungeprüfte schädliche Methoden wurden weiter praktiziert.

Ein erster genauer dokumentierter Behandlungsvergleich, wenn auch mit nur sehr wenigen Personen wurde schließlich 1753 durch den schottischen Schiffsarzt James Lind zur Behandlung des Skorbut durchgeführt. Lind hatte offenbar wenig von den vorhandenen Lehrmeinungen gehalten: „it was necessary to remove a great deal of rubbish" und sich darüber beklagt, wie schwierig es sei, alte Vorurteile zu beseitigen, welche sich durch die Zeit, Gewohnheit und hoch gehaltene Autoritäten etabliert hätten (S. 8). Und hat durch seine vergleichende Wirksamkeitsstudie mit Sicherheit vielen Menschen das Leben gerettet. An Bord eines Schiffes hatte er jeweils zwei von 12 an Skorbut erkrankten Seeleuten die tägliche Einnahme der folgenden Behandlungsmittel verordnet: Entweder a) eine Portion Apfelmost, b) drei Mal 25 Tropfen Vitriol-Extrakt, c) dreimal zwei Esslöffel Essig, d) eine halbe Pinte Seewasser, e) zwei Orangen und eine Zitrone oder f) für die verbleibenden beiden Seeleute eine nach Empfehlung eines renommierten Krankenhausarztes zubereitete Mixtur aus Knoblauch, Senfsamen, Perubalsam, Myrrhe und anderen Zutaten. Das Ergebnis war eindeutig: Im Gegensatz zu den anderen Behandlungen zeigte sich bei jener mit den Zitrusfrüchten schon nach 6 Tagen eine deutliche Verbesserung.

Von vornherein als unwirksam erachtete Behandlungen wurden später als Placebos bezeichnet, ein Begriff, der in der Medizin vermutlich erstmalig 1772 durch Cullen verwendet wurde. Im Sinne von Cullen waren Placebos allerdings nicht als Vergleichsbehandlung vorgesehen, sondern mehr, um den Patienten, der eine Behandlung erwartet, zu beruhigen. So hatte er einem als unheilbar beurteilten Patienten Senf verabreicht und dazu geschrieben: „I own that I did not trust much to it, but I gave it because it is necessary to give a medicine and as what I call a placebo" (Cullen Clinical Lectures, 1772, 218-219, nach The James Lind Library, 2020). Die ursprüngliche Bedeutung dieses aus dem Lateinischen stammenden Wortes wird zumeist mit „ich werde gefällig sein" angegeben. Wobei nicht ganz geklärt scheint, ob die Gefälligkeit nun dem Arzt oder den Behandelten dienen sollte. In „Motherby's Medical Dictionary" wurde schon bald (1785) nach Cullen's frühen Beschreibung eines Placebos ein solches als „a commonplace method or medicine" ausgewiesen (nach Shapiro & Morris, 1978), eine Bezeichnung, welche angesichts der pharmakologischen Wirkungslosigkeit der meisten Medikamente dieser Zeit nur allzu zutreffend erscheint.

Eine erste Anwendung einer Scheinbehandlung mit der Zielsetzung, den Einfluss des Wissens beziehungsweise des Glaubens an die Behandlung auf deren Ergebnisse zu prüfen, ist um diese Zeit allerdings auch schon erfolgt. So in einer Untersuchung einer vom französischen König Louis XVI im Jahre 1784 einberufenen Kommission zur Prüfung der Behauptungen des österreichischen Heilers Anton Mesmer über die Wirkungen des Magnetismus. Mesmer, der von Wien nach Paris gekommen war, hatte angesichts von Kritik an seinen Behandlungsmethoden eine Prüfung vorgeschlagen, bei der die Patienten durch das Los auf zwei Gruppen aufgeteilt werden sollten, in der einen Gruppe mit einer Behandlung nach seiner eigenen Methode und in der anderen nach den üblichen. Dieser Vorschlag war jedoch von der königlichen Kommission, der unter anderem auch Benjamin Franklin, Antoine Lavoisier und Joseph-Ignace Guillotin angehörten (Lavoisier wurde später guillotiniert!), abgelehnt worden. Denn neben anderen Tests wurde eine besondere Versuchsanordnung realisiert: Die Versuchspersonen wurden mit verbundenen Augen behandelt und über die tatsächliche Art der Behandlung in Unwissen gehalten. Und nur von jenen, welchen man mitgeteilt habe, dass sie die magnetische Behandlung nach Mesmer erhielten, wären auch die entsprechenden Wirkungen angegeben worden (nach Kaptchuk, 2011). Mit dieser Versuchsanordnung war, ganz im wörtlichen Sinne, die erstmalige Durchführung einer „verblindeten" beziehungsweise „blinden" Versuchsanordnung erfolgt. Aber der Einsatz von Kontrollbehandlungen blieb noch lange ein seltener Einzelfall.

Als ein solcher kann ein Behandlungsvergleich angesehen werden, welcher zur Prüfung der Homöopathie in der ersten Hälfte des 19. Jahrhunderts durchgeführt wurden. Hahnemann, der als Schöpfer dieser Behandlungslehre gilt, hatte 1829 einen einjährigen Vertrag bei der russischen Armee zur Testung seiner Methoden erhalten. Hier habe er auch selbst die Durchführung seiner Behandlungen leiten können. Zum Vergleich wurden aber in zwei anderen Zentren andere Behandlungen durchgeführt, in einem mit den aktuellen schulmedizinischen Methoden, vornehmlich noch immer Aderlassen und Abführen, und in einem anderen mit einer Behandlung, in welcher außer einer guten Pflege lediglich Placebos in Form von Pillen aus Brot, Kakao, Milchpulver oder Salep-Infusionen (aus Orchideenknollen) geboten wurden. Die Ergebnisse wären dann in dieser „Placebo-Gruppe" die besten gewesen. Das habe zwar zu einem vorübergehenden Verbot der Homöopathie geführt, aber zu keinem Abgehen von den als ebenfalls unwirksam erkannten etablierten Methoden (nach Dean, 2003).

Bald darauf wurde, wieder zur Prüfung homöopathischer Behandlungen, erstmals das Untersuchungsprinzip einer randomisierten Doppelblindstudie beschrieben und auch realisiert. Es ging darum, so wurde von George Löhner (1835, S. 24) argumentiert, der als Gründer und Herausgeber der „Allgemeinen Zeitung von und für Bayern" mit einer „Gesellschaft wahrheitsliebender Männer" eine Untersuchung der Homöopathie in Nürnberg initiiert und durchgeführt hat. Geschehen im Kontext eines ärztlichen Disputes, bei der ein Vertreter der Homöopathie eine Wette von zehn gegen eins angeboten hatte, dass man bei 100 Tropfen einer Dezillionstel-Verdünnung eines Kornes Kochsalz etwas Ungewöhnliches, mutmaßlich "eine Art Cholera" empfinden werde (Löhner, 1835, S. 4). In einer denkwürdigen Untersuchung im Nürnberger „Gasthaus zum rothen Hahn" wurden die aufgerufenen Freiwilligen zunächst über Ziel und Programm der Untersuchung informiert und sodann vor ihren Augen eine nach den homöopathischen Regeln erfolgende Potenzierung von einem Gran (Korn) Kochsalz in destilliertem Schneewasser durchgeführt. Dann wurde eine Hälfte der bereitgestellten Gläser mit dieser homöopathischen Zubereitung gefüllt und die andere Hälfte mit dem unbehandelten Schneewasser. Vom Versuchsleiter Löhner wurde eine Durchnummerierung dieser Gläser vorgenommen und ein versiegeltes Verzeichnis über deren Inhalt der Kommission übergeben, welche dieses bis zum Ende der Untersuchung zu verwahren hatte. Erst dann wurden die so vorbereiteten Gläser den Freiwilligen ausgegeben. 3 Wochen später waren alle Teilnehmer wieder geladen und es erfolgte die Entgegennahme ihrer Berichte und die Öffnung der Verzeichnisse. Besondere Empfindungen waren nur von 6 von jenen 25 Personen berichtet worden, welche die homöopathische Zubereitung bekommen hatten, und nur von dreien jener 26, welchen man unbehandeltes destilliertes Schneewasser gegeben hatte. Von all diesen Personen waren Verdauungsbeschwerden angegeben worden, bei Erhalt der Kochsalz-Verdünnung auch zusätzliche Bauchschmerzen, Husten, Katarrh und Hühneraugen-Schmerzen. Bei destilliertem Schneewasser war es ebenfalls zu Hals- und Kopfschmerzen und des Weiteren zu einer „ungewöhnlichen Regung des Geschlechtstriebes" gekommen. Nach Löhner waren diese Ergebnisse ausreichend, die Behauptungen der Homöopathen als widerlegt anzusehen: „Ihre bisherigen Beobachtungen beruhen nach unserer innigsten Ueberzeugung auf der Macht der Einbildung, auf Verblendung und vorgefaßter Meinung, von Schlimmeren nicht zu reden" (S. 25). Die Homöopathie aber hat bis heute ihre Anhänger gefunden.

Noch sehr unüblich war zu diesen Zeiten die Frage, ob bestimmte Forschungsergebnisse nicht auch „rein zufällig" zustande kommen könnten. Schon 1816 hatte Laplace die Anwendung der Wahrscheinlichkeitsrechnung auf die Therapieforschung gefordert, dem war allerdings noch lange nicht entsprochen worden. Bis spätestens zum Jahr 1877, als von Liebermeister argumentiert wurde, dass man nicht schließen könne, dass eine Behandlung, bei der von 100 Patienten nur 10 gestorben sind, besser sei als eine, bei der von 100 Patienten 20 gestorben waren. Denn schon bei der nächsten Untersuchung könnte die erste Methode ja unter 100 Patienten zu 30 Todesfällen führen. Liebermeister stellte ein statistisches Prüfverfahren vor, das aber nur wenig Beachtung fand, vermutlich auch wegen des großen Berechnungsaufwandes.

Allgemein hat sich erst mit den Arbeiten Fishers (1935) die Durchführung von randomisierten Vergleichsstudien und die Berechnung statistischer Signifikanzen verbreitet. Der randomisierte Behandlungsvergleich, der „randomized controlled trial" (RCT), bei dem eine Zuordnung der Personen auf die Behandlungen nach dem Zufallsprinzip erfolgt, sollte verhindern, dass es zu einer bewussten oder unbewussten Vorselektion kommt, welche die Ergebnisse beeinflussen könnte. Durch sogenannte p-Werte - „p" - für probability, wird die Wahrscheinlichkeit beschrieben, mit der die beobachteten Werte zu erwarten wären, wenn kein systematischer, sondern nur zufällige Einflüsse wirksam wären. Gemäß einer allgemeinen Konvention wurde nunmehr von einer statistischen Bedeutsamkeit - Signifikanz - ausgegangen, wenn die beobachteten Werte bei unsystematischen zufälligen Einflüssen (entsprechend der sogenannten Nullhypothese) in höchstens 5 Prozent der Fälle zu erwarten wären, also mit einer Irrtumswahrscheinlichkeit von $p<0{,}05$. Wichtig zu beachten, dass der Begriff der statistischen Signifikanz keinesfalls mit jenem der Relevanz verwechselt werden darf. Denn „statistisch hochsignifikant" werden sich im Vorher-Nachher-Vergleich auch die schlimmsten Schnupfensymptome nach einer Woche wieder abgeschwächt haben, mit entsprechenden Medikamenten, wahrscheinlich aber auch, wenn man auf diese verzichtet hätte.

Mit der zunehmenden Forschungsaktivität begann man sich auch mehr und mehr für die psychischen Einflüsse auf die Ergebnisse zu interessieren. Noch in der ersten Hälfte des 20. Jahrhunderts wurde von Roethlisberger et al. (1947) der sogenannte Hawthorne-Effekt beschrieben, ein in den Hawthorne Werken in Chikago bemerkter Effekt, der im Wesentlichen darin besteht, dass alleine schon die wahrgenommene Durchführung einer Untersuchung die Urteile und das Verhalten der Beteiligten verändert, vorwiegend in positiver Weise. Auch in der klinischen Forschung begann man vermehrt, die subjektiven Auswirkungen des Wissens oder des Glaubens um eine Behandlung zu untersuchen, nun allgemeiner subsumiert unter dem Begriff des Placebo-Effekts, als ein Effekt, der auch bei Behandlungen ohne eine spezifische Wirkkomponente zu erwarten wäre. Dabei zeigte sich nicht nur eine Abhängigkeit der Placebo-Effekte vom Glauben der Behandelten, sondern auch von situativen Variablen und den Merkmalen jener Personen, von welchen die Behandlungen durchgeführt wurden (vergleiche etwa Rosenthal & Frank, 1956; Honigfeld et al., 1963). Zur Ausschaltung subjektiver Einflüsse durch den Arzt oder den Untersucher wurde schließlich für die Prüfung neuer Arzneimittel die doppelblinde Versuchsanordnung empfohlen (Gold, 1954; Haas et al., 1959), eine Möglichkeit, welche der Psychotherapieforschung allerdings nicht zur Verfügung steht.

Doch für alle Arten von Studien gilt etwas, worauf schon 1959 von Sterling hingewiesen wurde: Nämlich, dass für Forschungsergebnisse, für die keine statistische Signifikanz belegbar ist, eine geringere Aussicht besteht, dass diese auch publiziert werden. Man müsse dann nur eine entsprechende Anzahl von Untersuchungen durchführen, um schließlich doch ein durch Zufall erreichtes signifikantes Ergebnis vorweisen zu können. So könne es leicht zu einem verzerrten Bild kommen, weil nicht signifikante Ergebnisse unberücksichtigt in einer Schublade landen, weshalb dieser Publikationsbias auch file-drawer Effekt genannt wird. Doch wie schon von Greiner (1962) als einem der ersten aufgezeigt wurde, ist auch für die weitere Beurteilung und Kommunikation der Studien und ihrer Ergebnisse die Einstellung und die Persönlichkeit des Forschers von Bedeutung.

Der Möglichkeiten und Gefahren einer Verzerrung der Ergebnisse war sich auch Archibald Leman Cochrane bewusst, ein schottischer Arzt, der als ein leidenschaftlicher Befürworter von randomisierten Vergleichsstudien bekannt geworden ist. Cochrane, der übrigens auch in Wien und Berlin eine psychoanalytische Ausbildung absolviert hatte, hatte die allgemeine Ineffizienz des Gesundheitswesens und speziell der Psychiatrie kritisiert und zum bestehenden Mangel an kontrollierter Forschung etwas spöttisch bemerkt, dass ein solcher vornehmlich in armen, kommunistischen und katholischen Ländern festzustellen sei (1972). Vehement war er dafür eingetreten, dass die Ergebnisse randomisierter Studien möglichst weitgehend allgemein zugänglich gemacht werden, weshalb dann auch später eine Sammlung solcher Studien nach ihm benannt wurde. Seine erste eigene klinische Studie hatte er 1984 als seine schlechteste, aber auch als seine erfolgreichste bezeichnet. Diese hatte er schon 1941 durchgeführt, als er als ein in der britischen Armee dienender Arzt in deutscher Gefangenschaft geraten war. Und unter schwierigsten Bedingungen in Griechenland als Lagerarzt für seine Mithäftlinge sorgen musste. Die Ernährungslage und die Unterstützung durch die Deutschen wären extrem schlecht gewesen und viele Gefangene hätten nicht nur an Hunger und Auszehrung gelitten, sondern auch an schweren Ödemen. Cochrane habe einen Verdacht auf Beriberi gehabt. Sich an seinen „medical hero", den schottischen Schiffsarzt James Lind erinnernd, habe er zwanzig Freiwillige abgezählt, welche er alternierend in zwei Abteilungen aufgeteilt habe. In einer Gruppe habe er dann Hefe verabreicht, besorgt auf dem Schwarzmarkt, in der anderen aber Vitamin C, aus seiner eigenen eisernen Reserve. Der Erfolg durch die Hefe-Behandlung (Thiamin) sei eindeutig gewesen, damit habe sich sogar eine entsprechende Versorgung durch die deutsche Lagerleitung erreichen lassen.

„The RCT is a very beautiful technique", so hatte Cochrane geäußert (1972, S. 22), aber auch vor „snags" und „bias" gewarnt:

- Bei menschlichen Beobachtungen wäre immer mit Verzerrungen zu rechnen. Durch eine doppelblinde Durchführung könnten solche in einem großen Ausmaß ausgeschlossen werden, aber man müsse dennoch vorsichtig sein: „one still has to be on one's guard" (S.23).

- Die doppelblinde Versuchsanordnung ist manchmal schwierig oder auch nicht möglich, so etwa bei der operativen Behandlung von Karzinomen.

- Es würden Hunderte Vergleiche statistisch getestet, in Abhängigkeit von den gewählten Signifikanzniveaus müsse man dann auch mit einem Anteil von zufällig „signifikanten" Ergebnissen rechnen.

- Viele Untersuchungen würden mit einer zu geringen Anzahl an Personen durchgeführt, dadurch könnten weniger deutliche Effekte übersehen werden.

- Bei sehr seltenen Krankheiten besteht eine Knappheit an Patienten und die dadurch erforderliche Herstellung breiter internationaler Zusammenarbeit sei oft schwierig.

- Auch aus ethischen Gründen könnten RCTs nicht immer durchgeführt werden. Es könnte unethisch sein, Betroffenen eine Behandlung mit einem erwiesenen Nutzen vorzuenthalten. Ebenso aber ließe sich nach Cochrane argumentieren, dass es nicht vertretbar ist, eine nicht ausreichend geprüfte Behandlung anzuwenden. Gerade mit der Anwendung von zahlreichen zu wenig geprüften Gesundheitsmaßnahmen würde den Betroffenen und dem Gesundheitswesen großer Schaden entstehen.

Wenn die Effekte oder die vorhandenen Studien klein sind, lassen sich Nutzen oder Schaden einer Behandlung oft erst durch eine zusammenfassende Auswertung der vorliegenden Ergebnisse feststellen. Durch sogenannte Metaanalysen, bei welchen die beobachteten Mittelwertsunterschiede durch Division durch die Standardabweichung als sogenannte Effektstärken vergleichbar gemacht und so zusammengefasst werden können. Mit der Zunahme verfügbarer Ergebnisse hatte sich bald gezeigt, dass solche Metaanalysen zu einem wichtigen Erkenntnisgewinn führen können. 1974 hat Stjernswärd die Ergebnisse von 5 Studien zusammengefasst, bei denen die chirurgische Entfernung eines frühen Brustkrebses mit darauf erfolgender Strahlentherapie mit der gleichen chirurgischen Intervention ohne einer Strahlentherapie verglichen wurde. Und damit deutlicher gemacht, als es die Ergebnisse der einzelnen Studien alleine konnten: Bei einem frühen Brustkrebs wird durch die Durchführung einer Strahlentherapie nach der chirurgischen Behandlung die 5-Jahres-Überlebensrate nicht erhöht, sondern eher vermindert. Eine Erkenntnis, die auch nur deshalb möglich wurde, weil man in mehreren Studien bereit war, aus Vergleichsgründen auf die allgemein empfohlene Strahlentherapie zu verzichten.

Manchmal waren es sehr gewagte Versuche, welche zur Elimination von unnötigen oder schädlichen Maßnahmen beigetragen haben. Benson & McCallie (1979) berichteten von einer chirurgischen Behandlung der Angina pectoris, bei der versucht wurde, die Koronardurchblutung durch eine Unterbindung einer Mammaarterie zu verbessern. Diese nicht selten, nämlich bei etwa 5 Prozent der Operierten, tödlich endende Technik hatte in den 50er Jahren des 20. Jahrhunderts begeisterte Vertreter gefunden, von denen beachtliche Erfolgsraten behauptet wurden. Skeptische Chirurgen hatten jedoch viel ungünstigere Ergebnisse. Untersuchungen mit Patienten, denen man während der Operation lediglich oberflächliche Hautschnitte zugefügt hatte, haben schließlich keinerlei Unterschiede zwischen den Effekten solcher Scheinoperationen und jenen einer gefährlichen Unterbindung der Mammaarterie ergeben.

Mehr und mehr begann sich die Ansicht durchzusetzen, dass wissenschaftliche Erkenntnisse nicht allesamt als gleichwertig anzusehen sind, sondern dass hinsichtlich ihrer Verlässlichkeit und Gültigkeit Unterschiede in Abhängigkeit von den verwendeten Forschungsmethoden vorliegen. Sogenannte Evidenzhierarchien wurden entwickelt, gelegentlich auch als Evidenzpyramiden dargestellt, welche in immer wieder modifizierter Form als Grundlage von Empfehlungen dargestellt wurden. Als eine der ersten Fachgesellschaften ordnete 1979 die „Canadian Task Force on the Periodic Health Examination" ihre Empfehlungen entsprechend der Qualität der vorhandenen Evidenz („The effectiveness of intervention was graded according to the quality of the evidence obtainded, as follows"):

I - Evidenz aus zumindest einer sauber randomisierten kontrollierten Studie,
II-1 - Evidenz aus gut geplanten („well designed") Kohorten- oder Fall-Kontroll-Studien,
      bevorzugt von mehr als einem Zentrum oder einer Forschungsgruppe,
II-2 - Evidenz aus Vergleichen zwischen Zeitpunkten oder Orten mit oder ohne der
      Intervention,
III - Meinungen von respektierten Experten, basierend auf deren klinischen Erfahrungen,
      beschreibende Studien oder Berichte von Expertenkommissionen.

In Erweiterung dieses Prinzips ist schließlich das „Grading of Recommendations Assessment, Development and Evaluation (GRADE) system" für die Gewichtung therapeutischer Empfehlungen zum allgemeinen Standard geworden (Guyatt et al., 2008).

Doch auch heute noch werden viele in der Praxis angewandten Heilverfahren kaum durch Forschungsergebnisse der Evidenzklasse I belegt. Auch nicht durch Vergleiche mit Placebos. Es war ein Pharmakologe, Müller-Oerlinghausen, damals Herausgeber der Zeitschrift Psychopharmacology, der angesichts der vielen nicht ausreichend geprüften Medikamente provokant gefragt hat, ob man überhaupt wissen wolle, wie häufig Placebos in der Therapie verwendet werden (1983, S. 81). Eine Skepsis die noch immer nicht ganz unberechtigt scheint.

Und auch methodisch einwandfreie RCTs der sogenannten Evidenzstufe I nützen wenig, wenn nur erwünschte Ergebnisse publiziert werden. Mit der zunehmenden Anzahl von Daten bot sich allerdings vermehrt die Möglichkeit, das Vorliegen des schon beschriebenen Publikationsbias (Sterling, 1959) zu überprüfen, nämlich durch die Anwendung von metaanalytischen Methoden. 1984 wurde von Light und Pillemer das Problem des Publikationsbias in einer grafischen Form veranschaulicht. Dabei werden die einzelnen Studien nach den berichteten Effektstärken in Richtung der x-Achse und nach der Anzahl der untersuchten Personen in Richtung der y-Achse eingeordnet. Die Effektstärken der Einzelstudien müssten sich hierbei entlang der x-Achse

„normal" um einen mittleren Wert verteilen, um den sich die meisten Studien und jene mit der höchsten Teilnehmerzahl befinden müssten, bei denen nur geringere Abweichungen von einer „wahren" Effektstärke zu erwarten wären. Es wäre also eine symmetrische, umgekehrt trichterförmige Verteilung, ein sogenannter „Funnel-Plot" zu erwarten, mit den meisten und größeren Studien in der Mitte. Fehlen Ergebnisse mit geringer Effektstärke, bei denen keine statistische Signifikanz nachgewiesen werden konnte, dann kommt es zu einer Überschätzung der Behandlungseffekte.

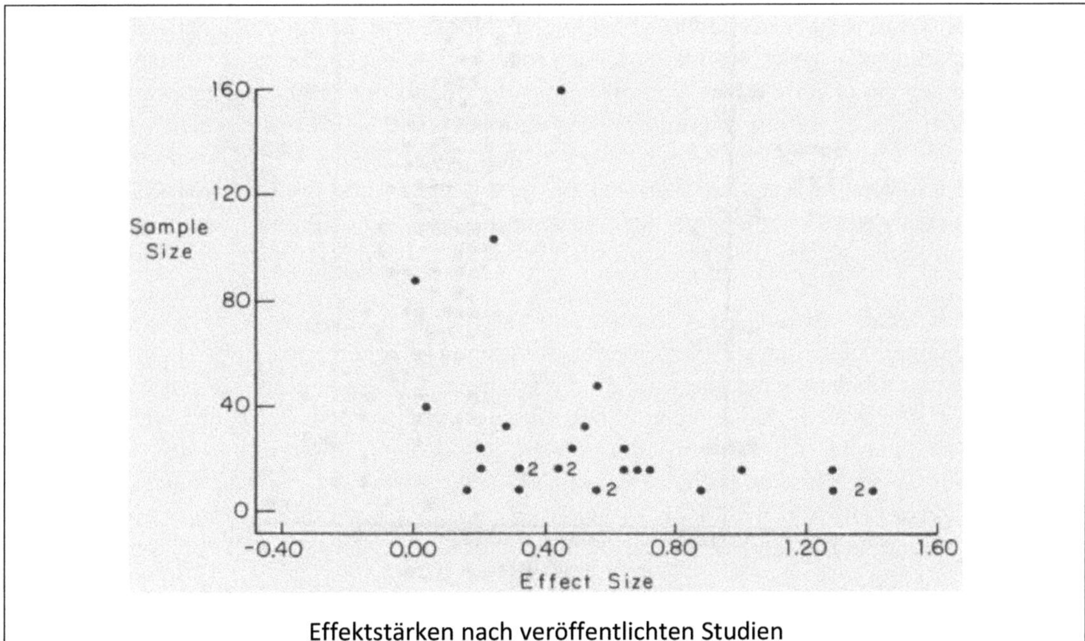

Effektstärken nach veröffentlichten Studien

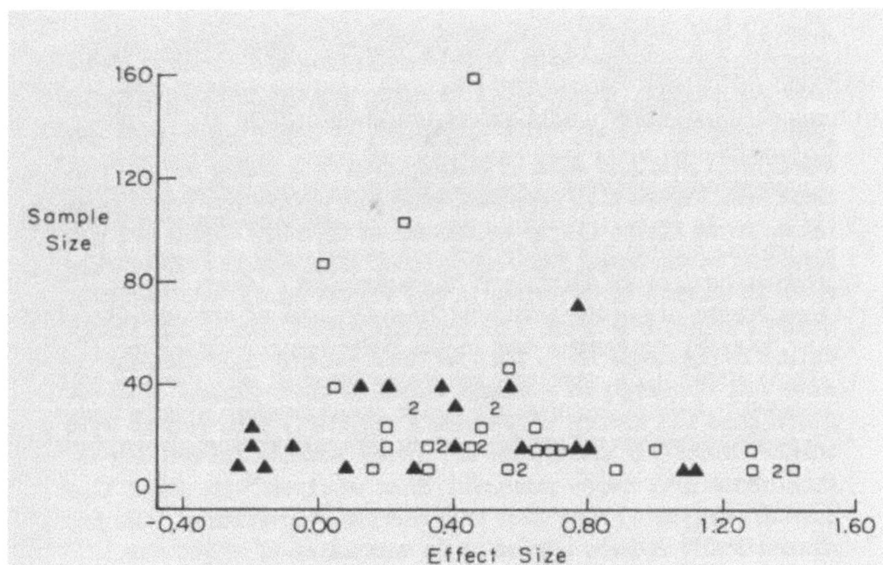

Effektstärken nach veröffentlichten (Quadrate)
und unveröffentlichten (Dreiecke) Studien

Abbildung 1: Effektstärken und Stichprobengrößen nach Light & Pillemer (1984, S. 70f).

Der Plot spiegelt dann nicht mehr die natürliche Variabilität der Daten und wird asymmetrisch. Light & Pillemer zeigten dazu Funnel-Plots zu den veröffentlichten und den unveröffentlichten Ergebnissen einer Psychoedukation bei chirurgischen Patienten (vergleiche Abbildung 1). Die zu erwartende Symmetrie der Effektstärken ist hier erst bei einer Einbeziehung der unveröffentlichten Ergebnisse zu erkennen. Aber zu den unveröffentlichten Daten in den Schubladen besteht in der Regel nur ein erschwerter oder gar kein Zugang.

Wegen des Publikationsbias und dem damit erforderlichen Rückgriff auch auf unveröffentlichte Ergebnisse, wurde dann von Simes eine zentrale Registrierung von allen klinischen Studien vorgeschlagen (1986). Auch sollte, den Anliegen Cochrane's entsprechend, allen Interessierten ein unverfälschter Überblick über den Stand der Forschung geboten werden. Das sollte durch das in Oxford gegründete Cochrane Centre geleistet werden, als dessen erster Direktor Iain Chalmers zeichnete (Chalmers et al., 1992). 1995 wurde dann die Gründung der Cochrane Database of Systematic Reviews bekannt gegeben und die Cochrane Collaboration als ein gemeinnütziges Unternehmen ins britische Register eingetragen. Eine allgemein leichte Zugänglichkeit der Studien, wie einst gefordert, ist aktuell allerdings weniger erkennbar.

Die große Anzahl von Studien ermöglichte nun aber eine noch systematischere Untersuchungen der Fehler- und Verfälschungsmöglichkeiten. In einer Analyse von 250 Therapiestudien haben Schulz et al. 1995 die größeren Behandlungseffekte bei solchen Studien festgestellt, die nicht in doppelblinder Form durchgeführt wurden, beziehungsweise, bei denen eine Verblindung der Art der Behandlung nicht ausreichend sichergestellt war. Und bei einer Analyse von 23 Metastudien fanden Page et al. (2016), dass es allgemein zu einer Überschätzung der Behandlungseffekte kommt in Studien mit a) ungeeigneter beziehungsweise unklarer Randomisierung und b) fehlenden oder unklaren Verblindung von Behandelten, Behandlern oder Beurteiler/Assessoren, und beides nochmals deutlicher bei Untersuchungen mit subjektiven Zielkriterien. Und in einer Metaanalyse von 75 Studien wurde bestätigt, wofür schon lange ein entsprechender Verdacht bestand: Wenn Studien durch Herstellerfirmen gesponsort werden, dann kommt es auch eher zu Ergebnissen, die für diese vorteilhaft sind (Lundh et al., 2017).

Inzwischen wurden zahlreiche weitere Quellen einer Verfälschung – eines "Bias" - beschrieben und mehr oder weniger gut untersucht. Aktuell werden vom Cochrane Handbook (https://training.cochrane.org/handbook/current/chapter-07) die folgenden Verfälschungsmöglichkeiten von RCTs aufgelistet:

a) Verfälschungen innerhalb der Studien (Higgins et al., 2020):

- Bias während der Randomisierung: Die Reihenfolge der Zuordnung zu den
    Behandlungen war nicht randomisiert, nicht entsprechend verborgen oder
    die Ausgangswerte in den verglichenen Gruppen legen ein
    Randomisierungsproblem nahe.

- Bias durch Abweichungen von den geplanten Interventionen: Ungeplante
    Abweichungen oder Zusatzinterventionen, die nicht über die verglichenen
    Gruppen ausbalanziert sind, ungeplante Abweichungen der Teilnehmer vom
    Behandlungsregime.

- Bias durch fehlende Daten: Fehlende Daten durch Abbrecher können die verglichenen
    Gruppen unterschiedlich betreffen, zum Beispiel bei Abbrüchen durch
    mangelnden Effekt oder nicht tolerierten Nebenwirkungen.

- Bias bei der Erfassung der Zielvariablen: Ungeeignete Messmethoden, mangelhafte Verblindung von Teilnehmern und/oder Beurteilern/Assessoren.

- Bias durch Ergebnisselektion: Wurde die Studie nach einem vorher bestimmten Plan ausgewertet oder besteht der Verdacht, dass nur die erwünschten Ergebnisse von mehreren Ergebnismessungen oder nur die erwünschten Ergebnisse von unterschiedlichen Auswertungen mitgeteilt werden?

b) *Verfälschungen bei der Zusammenfassung und Kommunikation von Ergebnissen* (Boutron et al., 2020):

- Publikationsbias: Studien werden in Abhängigkeit von den Ergebnissen publiziert.

- Verzögerungsbias: Studien werden in Abhängigkeit von den Ergebnissen beschleunigt oder verzögert publiziert.

- Sprach-Bias: Studien werden in Abhängigkeit von den Ergebnissen in einer bestimmten Sprache publiziert - wodurch sie leichter oder schwerer zugänglich werden.

- Zitierungsbias: Studien werden in Abhängigkeit von den Ergebnissen eher zitiert oder nicht zitiert.

- Mehrfachpublikationsbias: Durch die gelegentliche Mehrfachpublikation von Studien oder Ergebnissen.

Es zeigt sich überdeutlich: Die Wege zur Erkenntnis sind mit Stolpersteinen gepflastert. Ebenso die Wege ihrer Nutzung und Verbreitung. Und die Stolpersteine bestehen vornehmlich in Form von verfälschenden psychischen Einflüssen der forschenden und der beforschten Menschen, deren Vorurteilen, Wünschen und Hoffnungen. Noch etwas komplizierter wird die Situation aber, wenn es nicht nur um den Ausschluss von psychologischen Störgrößen geht, sondern gerade um das Auffinden und die Identifikation der wirksamsten und nützlichsten psychologischen Einflussmöglichkeiten. So wie es als eine der Hauptaufgabe der Psychotherapieforschung zu sehen wäre.

2.2 Psychotherapeutisch-psychotraumatologische Wirksamkeitsforschung

Zahlreiche Beschreibungen psychotherapeutischer Ansätze sind schon aus der Antike bekannt, manche haben ihren Einfluss und ihre Berechtigung bis in die Gegenwart behalten: Von Gorgias und Aischylos (5. Jh. v. Chr.) wurden die Rhetorik und die hilfreiche Kraft des Wortes betont (Ustinova & Cardeña, 2014). Platon (4./5. Jh. v. Chr.) mit dem sokratischen Dialog (Schleiermacher, 1804) und der spätere Stoiker Epiktet (1./2. Jh., Schwamm, 2014) fanden große Beachtung bei den Entwicklern der modernen kognitiven Therapien und von Galen (2. Jh.), dem so leidenschaftlichen Vertreter der lange gepflegten zumeist schädlichen Ableitungsbehandlungen, stammt die wohl fast immer berechtigte Mahnung, nicht auf das zu achten, was man verloren hat, sondern darauf, wie und womit man zufrieden sein kann (Xenophontos, 2014).

Eine systematischere Entwicklung und Erforschung psychotherapeutischer Methoden hat allerdings erst zu Anfang des 20. Jahrhunderts eingesetzt. Zunächst vor allem durch die Psychoanalyse und einzelne verhaltenstherapeutische Ansätze, zu denen sich rasch weitere

Behandlungsmethoden gesellten. Diese standen zum Teil in erbitterter Konkurrenz zueinander, oft darum bemüht, Unterschiede und Gegensätze herauszuarbeiten.

Es war dann der Psychologe und Psychoanalytiker Samuel Rosenzweig (1936), der als einer der ersten versucht hat, gemeinsame Wirkfaktoren von Behandlungen zu beschreiben. Ohne empirische Grundlagen anzugeben, führte Rosenzweig aus, dass die Befürworter der Psychoanalyse, der Überzeugungsarbeit, der Christian Science und einer Reihe anderer psychotherapeutischer Ideologien auf bemerkenswerte Erfolge verweisen könnten. Hinsichtlich der Wirkfaktoren sei jedoch zu hinterfragen, ob (1) jene, die für eine spezifische Behandlung angenommen werden, auch den tatsächlich wirkenden entsprechen und (2) ob die unterschiedlichen Therapien davon nicht mehr gemeinsam hätten als von deren Vertretern behauptet:

> „... it is justifiable to wonder (1) whether the factors alleged to be operating in a given therapy are identical with the factors that actually are operating, and (2) whether the factors that actually are operating in several different therapies may not have much more in common than have the factors alleged to be operating" (S. 412).

So wäre beispielsweise auch möglich, dass der Erfolg einer Psychoanalyse durch eine Rekonditionierung des Patienten zustande komme, ein Vorgang, der aber besser durch Pavlov'sche als durch Freud'sche Annahmen zu erklären wäre:

> „Thus it might be conceivably argued that psychoanalysis, for example, succeeds, when it does, not so much because of the truth of the psychoanalytic doctrines about genetic development but rather because the analyst, in the practice of his method, quite unwittingly allows the patient to recondition certain inadequate social patterns in terms of the present situation - a phenomenon better explained by Pavlov's than by Freud's theories" (S. 412).

Die von Rosenzweig vermuteten gemeinsamen Wirkfaktoren der Behandlungsverfahren können schließlich in folgender Weise zusammengefasst werden:

(1) Die Wirkung von impliziten, nicht beschriebenen Einflüssen, wie etwa Katharsis und der Effekt der nicht zu definierenden Persönlichkeit des guten Therapeuten; (2) die therapeutische Theorie als Grundlage einer Reintegration bislang nicht integrierter Persönlichkeitsaspekte und (3) eine damit für den Behandelten alternative Beschreibung psychischer Ereignisse und deren Wechselwirkung mit der Persönlichkeitsorganisation (S. 415). Das wesentliche Ergebnis seiner Analyse fasste Rosenzweig dann mit einem Satz zusammen, der dem ausgestorbenen Riesenvogel Dodo zugeschrieben (Carroll, 1869, S. 32) und in der Folge von zahlreichen Psychotherapeutinnen und Psychotherapeuten zitiert wurde: „Jeder hat gewonnen und alle sollen Preise bekommen".

Keinen Preis verleihen wollte dann allerdings der Psychologe Hans-Jürgen Eysenck der Psychoanalyse. In einer bekannten zusammenfassenden Arbeit (1952), einem frühen Beispiel eines systematischen Reviews, verglich er die Erfolgsraten von psychoanalytischen Behandlungen mit solchen, die als eklektisch eingestuft wurden, und kam zu dem Schluss, dass eine Nützlichkeit der psychoanalytischen Methoden nicht belegbar sei. Eine Über- oder Unterlegenheit kann bei den gegebenen Daten jedoch für keine der untersuchten Behandlungen abgeleitet werden: Denn bei den einbezogenen Studien ist völlig unklar, ob die behandelten Personen, die Rahmenbedingungen der Behandlungen und die verwendeten Erfolgskriterien überhaupt vergleichbar sind. Dieses methodischen Problems war sich Eysenck auch bewusst und betonte daher zusammenfassend den Bedarf an sauber geplanten und durchgeführten experimentellen Untersuchungen. Wobei mit „experimentell" vermutlich kontrollierte Vergleichsstudien gemeint waren.

Solche wurden auch von Carl. R. Rogers gefordert, dem Begründer einer damals neben der Psychoanalyse und der Verhaltenstherapie aufblühenden dritten großen therapeutischen Schule, der heute den oft so genannten humanistischen Therapieschulen zugeordneten personenzentrierten Gesprächs(psycho)therapie. In einem von Gordon et al. (1954) beschriebenen Forschungsprogramm wurde einerseits die Komplexität und die sehr subtile Ausübung der therapeutischen Kunst betont, andererseits aber auch das Erfordernis, quantitative Forschung zu betreiben. Und gegen die schon damals kursierenden Behauptungen gerichtet, dass ein psychotherapeutischer Erfolg gar nicht „messbar" sei, erfolgte ein Bekenntnis zu einer Edward Thorndike zugeschriebenen Maxime, welche lautet, dass alles, was in irgendeiner Menge bestünde, auch gemessen werden könne: „anything that exists, exists in some quantity that can be measured". Im selben Jahr und Sammelband wurde dann von großen Erfolgen der eigenen gesprächspsychotherapeutischen Behandlungsmethode berichtet - in Form einer Reifung der Persönlichkeit, die man zwar im Verlauf der durchgeführten Behandlung beobachtet hatte, nicht aber während einer dieser vorgezogenen Wartezeit und auch nicht in einer unbehandelten Kontrollgruppe (Rogers, 1954). In ihrer Beurteilung unberücksichtigt blieb von den Autoren allerdings der Umstand, dass alleine die Tatsache einer Behandlung und der Glaube von Behandlern und Behandelten zu beträchtlichen Veränderungen führen können. Belege für diese Möglichkeit hätte es schon damals genug gegeben. Mit welchen dann auch die Forderungen von Rosenthal und Frank (1956) zu begründen waren, nachdem der Nachweis, dass eine psychologische Behandlung nicht alleine auf einem Placebo-Effekt beruhe, einen Vergleich mit einer anderen Behandlungsform erfordere, in welche die Patienten den gleichen Glauben hätten:

> „To show that a specific form of psychotherapy based on a theory of personality and neurosis produces results not attributable to the non-specific placebo effect it is not sufficient to compare its results with changes in patients receiving no treatment. The only adequate control would be another form of therapy in which patients had equal faith, so that the placebo effect operated equally in both, but which would not be expected by the theory of therapy being studied to produce the same effects" (Rosenthal & Frank, 1956, S. 300).

Im Erfinden von Kontrollbedingungen waren die Forscher dann sehr einfallsreich. Das Spektrum reicht von der einfachen Verabreichung von pharmakologischen Placebos, also Scheinmedikationen, bis zum Pseudo-Biofeedback. Fraglich aber, ob die Untersuchten in diese Vergleichsbehandlungen auch immer das gleiche Vertrauen hatten. Von Borkovec & Nau (1972) wurden Studentinnen und Studenten um eine Einschätzung der Erfolgsaussichten nach den schriftlichen Beschreibungen von zwei als wirksam eingeschätzte Behandlungen (systematische Desensibilisierung und Reizüberflutung) und vier für die Vergleiche verwendeten Pseudo-Behandlungen gebeten, bezeichnet als „attention placebo", „tachistoscope placebo", „avoidance response placebo" und „relaxation plus recall". Wenig überraschend, dass die Erfolgserwartungen („rationale credibility") bezüglich der Pseudo-Behandlungen deutlich geringer ausfielen als für die aktiven Behandlungen. Womit sich solche Vergleichsbehandlungen als Kontrollbedingungen als ungeeignet erwiesen haben, zumindest nach den harten Forderungen von Rosenthal und Frank (1956).

In der Untersuchung von Borkovec und Nau (1972) waren die Erwartungen für die vier Pseudo-Behandlungen umso besser, je ähnlicher diese den aktiven Behandlungen waren. Unterscheiden sich Behandlung und Vergleichsbehandlung um mehrere Komponenten, dann hätte das den Nachteil, dass bei unterschiedlichen Effekten kaum zu entscheiden wäre, auf welche Behandlungskomponenten diese zurückzuführen wären. Das würde dafür sprechen, bei der Prüfung von Behandlungen möglichst solche Vergleichsbehandlungen zu verwenden, die sich um nur ein Element, um nur eine Komponente unterscheiden. So wie sich in pharmakologischen Studien Medikament und Placebo ja auch nur um eine Komponente unterscheiden, nämlich jene, deren Effekte zu prüfen wären. Dieses Prinzip wird in der Psychotherapieforschung in Versuchsplänen mit einer sogenannten Komponentenkontrolle realisiert (vergl. Klingler, 1988, 1989) oder in sogenannten „Dismantling Studies". Aber auch dann, wenn sich die verglichenen Behandlungen um nur eine Komponente unterscheiden, ist der Einfluss von Glauben und/oder Erwartungen ein ungewisser, überhaupt dann, wenn für die Untersuchten ein Unterschied zwischen den Behandlungen erkennbar ist. Und da psychotherapeutische Behandlungen kaum in einer doppelblinden Versuchsanordnung durchführbar sind, muss wohl immer damit gerechnet werden, dass Unterschiede erkennbar sind, welche die Reaktionen der Behandelten, aber auch das Verhalten und die Urteile von Forscherinnen und Forschern beeinflussen könnten.

Mit dem Nachteil, dass dabei weniger Aufschlüsse über die Einflüsse spezifischer Behandlungskomponenten gewonnen werden können, könnten verzerrende Erfolgserwartungen am ehesten in solchen Studien zu vernachlässigen sein, in denen „head-to-head"-Vergleiche erfolgen, in denen nicht mit konstruierten Pseudo-Behandlungen verglichen wird, sondern zwischen als vollwertig erachtete Behandlungen, welche „bona fide" (im guten Glauben) von Expertinnen und Experten durchgeführt werden, welche von der Wirksamkeit ihrer Methoden überzeugt sind. Als eine der ersten größeren Übersichtsarbeiten, in denen die Ergebnisse von solchen „Bona-Fide-Vergleichen" zusammengefasst wurden, kann die von Luborsky et al. aus dem Jahre 1976 gelten, die hier, weil auch heute noch häufig zitiert, genauer beschrieben sei. Nach den Angaben der Autoren wurden hierbei nur Vergleiche solcher Behandlungen einbezogen, welche

- nach Studien mit Minimalerfordernissen an methodischer Qualität vorlagen,
- mit tatsächlichen Patienten, nicht mit freiwilligen Studenten durchgeführt wurden,
- in einer ausreichenden Zahl an Studien vorlagen.

Als Psychotherapie wurden von ihnen nur die psychoanalytisch orientierten Verfahren bezeichnet. Bei den Vergleichen mit anderen Behandlungsformen wurde dann einfach ausgezählt, wie oft ein positiver, negativer oder gar kein Unterschied nachgewiesen wurde, damit kam es zu den folgenden Ergebnissen:

- 13 Vergleiche psychotherapeutische Einzeltherapie mit psychotherapeutischer
	Gruppentherapie: in 2 Studien überlegen, 9 Studien gleichwertig, 2 Studien
	unterlegen;
- 8 Vergleiche zeitlich begrenzter Psychotherapie mit zeitlich unbegrenzter
	Psychotherapie: in 2 Studien überlegen, 5 Studien gleichwertig, einer Studie
	unterlegen;
- 5 Vergleiche klientenzentrierter Gesprächspsychotherapie mit „traditioneller"
	Psychotherapie: in keiner Studien überlegen, 4 Studien gleichwertig, einer
	Studie unterlegen;
- 18 Vergleiche Verhaltenstherapie mit Psychotherapie: in 6 Studien überlegen, 12
	Studien gleichwertig, keiner Studie unterlegen;
- 8 Vergleiche Pharmakotherapie mit Psychotherapie: in 7 Studien überlegen, einer
	Studie gleichwertig, keiner Studie unterlegen;
- 27 Vergleiche medikamentöse Behandlung plus Psychotherapie mit
	medikamentöser Behandlung allein: in 22 Studien überlegen, 4 Studien
	gleichwertig, einer Studie unterlegen;
- 33 Vergleiche Psychotherapie mit unterschiedlichen Kontrollgruppen, einschließlich
	Wartegruppe oder übliche Spitalsbehandlung: in 20 Studien überlegen, 13
	Studien gleichwertig, keiner Studie unterlegen.

Hierzu muss angemerkt werden, dass die methodische Qualität und die Kriterien, nach denen die Studien ausgewählt wurden, teilweise als äußerst fragwürdig zu beurteilen sind. Als Beispiel sei auf die Arbeit von Cooper et al. (1965) verwiesen, die von Luborsky et al. als ein Vergleich von Verhaltenstherapie und Psychotherapie angeführt worden ist. Hier ist die Zuordnung der Behandelten zu den Behandlungen nicht nach einem Zufallsverfahren erfolgt und unter „Psychotherapie" hatte man einfach die Studienteilnehmer mit „treatment other than behaviour therapy" zusammengefasst.

Insgesamt waren Luborsky et al. (1976) aber zur Schlussfolgerung gekommen, dass die meisten Studien keine signifikanten Unterschiede zwischen den Psychotherapiemethoden ergaben und man so dem Urteil des Vogels Dodo („alle haben einen Preis verdient") recht geben müsse. Und dafür wurden drei mögliche Gründe angeführt:

1) Die Erfolgsraten der verschiedenen Behandlungsformen wären relativ hoch, damit würde rein statistisch der Nachweis signifikanter Unterschiede schwieriger.

2) Alle Behandlungen würden den Betroffenen ein plausibles Erklärungsmodell und Prinzipien zukünftiger Verhaltenssteuerung bieten.

3) Das wirksamste gemeinsame Behandlungsprinzip wäre jedoch die hilfreiche Beziehung zu einem Therapeuten, zusammen mit den unspezifischen Einflüssen der Suggestion und Abreaktion.

Dass die geringe Anzahl signifikanter Unterschiede an der zumeist sehr geringen Anzahl an Studienteilnehmern liegen könnte, fand keine Erwähnung. Besonders interessant scheint aber die hier behauptete Bedeutung der therapeutischen Beziehung. Denn gerade jene Behandlungsform, von welcher diese - zu dieser Zeit - am wenigsten betont wird, nämlich die Verhaltenstherapie, zeigte nach den von Luborsky et al. (1976) analysierten Studien die günstigsten Ergebnisse. Vor diesem Hintergrund ist auch überraschend, dass nun alle Therapien einen Preis bekommen sollten.

Während bei Luborsky et al. (1976) aktive Behandlungen nur mit anderen aktiven Behandlungen verglichen wurden („bona fide patients were in bona fide treatment"), erfolgte in der zum damaligen Zeitpunkt umfangreichsten Metaanalyse zu den Effekten einer Psychotherapie, nämlich in jener von Smith et al. (1980), keine Berücksichtigung der Art der Vergleichsbehandlung. Hier wurden die Nachher-Effektstärken aus insgesamt 475 randomisierten Vergleichen mit den unterschiedlichsten Kontrollgruppen zusammengefasst. Dabei wurden mittlere Effektstärken von 0,85 ermittelt, das heißt, dass die Nachher-Werte der Behandlungsgruppen um 0,85 Standardabweichungen günstiger waren als die Nachher-Werte der Vergleichsgruppen. Die höchste Effektstärke wurde mit 2,38 für „other cognitive therapies" angegeben, die geringste mit 0,14 für „reality therapy", als Effektstärke für Placebobehandlungen wurde 0,56 ausgewiesen. Doch das sind Zahlen, welche für Vergleiche zwischen den verschiedenen Behandlungsmethoden denkbar ungeeignet sind. Denn es ist nicht belegt, dass die behandelten Personen, die Rahmenbedingungen und die verwendeten Erfolgskriterien vergleichbar sind, vor allem aber auch die Kontrollbedingungen, mit denen jeweils verglichen wurde. Mit etwas einheitlicheren Kontrollbedingungen wurden dann 1983 von Prioleau et al. jene 32 Studien aus der Smith et al. (1980) Analyse zusammengefasst, bei denen mit einer Placebobehandlung verglichen wurde. Unabhängig von der Art der Psychotherapie und des Placebos lag hier die mediane Effektstärke bei 0,15, das heißt die Effekte der einbezogenen psychotherapeutischen Behandlungen lagen im Mittel lediglich um 0,15 Standardabweichungen über jenen der Placebos.

Eine schon erwähnte Anwendung eines Psychotherapie-Placebos erfolgte 1989 durch Francine Shapiro in ihrer ersten Studie zur Effektivität der „Eye Movement Desensitization"(EMD) bei der Behandlung der posttraumatischen Belastungsstörung. Diese Vergleichsbehandlung bestand im Prinzip in Form einer modifizierten „Flooding"-Reizüberflutungsbehandlung. Die Teilnehmer hatten sich möglichst lebhaft und detailliert die traumatisierenden Szenen vorzustellen und wurden regelmäßig nach Veränderungen in der Wahrnehmung der erinnerten Szene und einer Einschätzung ihres subjektiven Belastungsgrades („Subjective Units of Disturbance": SUD) gefragt. Es ergab sich eine deutliche Überlegenheit der EMD gegenüber der Vergleichsbehandlung. Allerdings fehlen Angaben über die Person der durchführenden Therapeutin beziehungsweise des Therapeuten, und es muss vermutet werden, dass alle Behandlungen von Shapiro selbst durchgeführt wurden. Dadurch könnte hier ein Effekt wirksam geworden sein, der die verzerrenden Auswirkungen des Glaubens der Forscherinnen und Forscher an die Wirksamkeit der untersuchten Behandlung und die Verbundenheit mit dieser betrifft. Dieser „Allegiance"-Effekt war auch schon von Smith et al. (1980) untersucht worden, mit dem Ergebnis, dass bei einer entsprechenden Allegiance auch größere Effektstärken vorliegen.

Hinsichtlich des EMD beziehungsweise EMDR war es die Frage nach der Bedeutung der Augenbewegungen, welche eine Reihe von Dismantling-Studien angeregt hat. Eine der ersten darunter dürfte jene von Boudewyns et al. (1993) gewesen sein, welche ähnlich wie Shapiro (1989) die EMD mit einer entsprechenden Exposition/Reizüberflutung ohne Augenbewegungen verglichen. In dieser Studie wurden drei verschiedene Therapeuten eingesetzt, welche alle auch eine Ausbildung bei Shapiro genossen hatten. Die Ergebnisse von Shapiro haben sich allerdings nur teilweise bestätigen lassen: Eine Überlegenheit der EMD gegenüber der bloßen Exposition konnte wohl hinsichtlich der erfassten SUDs gezeigt werden, nicht aber bezüglich der physiologischen Messungen und Fragebogenangaben zu Traumasymptomen.

Auch in der Psychotherapieforschung wuchs die Zahl der Reviews und Metaanalysen. In der bis zu diesem Zeitpunkt größten zusammenfassenden Analyse von Grawe et al. (1994) wurden 897 randomisierte Vergleichsstudien einbezogen. Anders als bei Smith et al. (1980) ohne Berücksichtigung sogenannter Analogiestudien, also ohne Studien, bei denen spezifische Probleme in einer eher experimentellen Weise behandelt werden, bei Freiwilligen, die oft eher als Probanden denn als Hilfesuchende einzustufen sind, häufig Studentinnen oder Studenten, die für die Teilnahme „credits" bekommen. Die Vergleiche wurden nach den Behandlungsmethoden gruppiert und die für die jeweilige Schule auffindbaren signifikanten positiven und negativen Unterschiede zu den jeweiligen Vergleichsgruppen aufaddiert. Das über alle möglichen Störungsbilder hinweg und ohne weitere Berücksichtigung der Art der Vergleichsbehandlung oder sonstiger methodischer Kriterien. Dabei haben sich die mit Abstand häufigsten positiven Ergebnisse für die Methoden der kognitiven Verhaltenstherapie (KVT) ergeben. In einem speziellen Teil sind dann die direkten Vergleiche zwischen spezifischen Therapiemethoden ausgewertet worden. In solchen „head-to-head"-Vergleichen sollten ja auch die Rahmenbedingungen der Behandlungen sehr viel besser vergleichbar sein. Es ergaben sich folgende Unterschiede:

- 21 x KVT günstiger als Psychoanalyse und/oder psychodynamischen Therapien,
- 1 x Psychoanalyse günstiger als KVT,
- 11 x KVT günstiger als Gesprächstherapie/Humanistischen Therapie,
- 4 x KVT günstiger als Familientherapie,
- 1 x Psychoanalyse günstiger als Gesprächstherapie/Humanistische Therapie,
- 2 x Gesprächstherapie/Humanistische Therapie günstiger als Psychoanalyse,
- 1 x Familientherapie günstiger als Psychoanalyse.

Erwartungsgemäß erfolgten auf die Grawe-Studie (1994) heftige Reaktionen. Hinsichtlich der Vergleiche zwischen Psychoanalyse und Verhaltenstherapie wurde kritisiert, dass viele der als Psychoanalyse klassifizierten Behandlungen deren Kriterien nur mangelhaft erfüllen und von nur wenig erfahrenen Therapeuten oder Therapeutinnen durchgeführt wurden (Heckrath & Dohmen, 1997). Vergessen wurde dabei offenbar, dass ähnliches ja auch für die KVT gilt: Auch diese ist in den einbezogenen Studien nicht immer in einer klinisch idealen Form von erfahrenen Behandlerinnen und Behandlern realisiert worden.

Von Eysenck (1994) aber wurde nun die Methode der Metaanalyse sehr grundsätzlich kritisiert. Diese sei „an exercise of mega-silliness". Die Ergebnisse würden verfälscht durch Studien mit mangelhafter Methodik, durch ein Aufaddieren von nicht vergleichbaren Ergebnissen und eine unangemessene Gruppierung der Therapiemethoden. Eysenck zitiert Newton (1676, ohne genauere Quellangabe), nach dem ein gutes Experiment nicht beliebig wiederholt werden müsse: „For it is not number of Expts, but weight to be regarded; where one will do, what need of many?". Die Kritik scheint auch aus heutiger Sicht nicht ganz unberechtigt. Denn in viele Metaanalysen gehen Arbeiten von eher geringerer methodischer Qualität und damit auch geringer inhaltlicher Aussagekraft ein. Auch darf nicht vergessen werden, dass Studien ja höchst selten nur zur Bestätigung, Replikation, von vorliegenden Ergebnissen oder zur Erhöhung von Fallzahlen durchgeführt werden, sondern viel eher zur Prüfung eines anderen Aspekts, wie etwa einer Anwendung bei einer spezifischen Personengruppe oder mit veränderten Behandlungs- oder Beobachtungsmethoden, dass sie sich also in sehr vielfältiger Weise unterscheiden können. Und dass solche Unterschiede mit ihren Einflüssen auch ausreichend verlässlich durch Homogenitätsprüfungen ausgeschlossen oder regressionsstatistische Methoden ausgeglichen werden können, kann auch nicht als gesichert und entschieden gelten.

Manche metaanalytische Probleme könnten sich vielleicht durch eine Einschränkung auf Bona-Fide-Vergleiche umgehen lassen. Wampold et al. (1997) haben ihre Recherche auf 6 von ihnen ausgewählte renommierte Fachzeitschriften begrenzt und für ihre Analyse insgesamt 114 in diesen Zeitschriften publizierten Vergleichsstudien mit als bona fide beurteilten Behandlungen verwendet. Anders als bei Luborsky et al. (1976) und Grawe et al. (1994) erfolgte allerdings kein Ausschluss von Analogiestudien. Auch wurden zahlreiche Arbeiten verwendet, in denen verschiedene Varianten von spezifischen Behandlungen verglichen wurden, zumeist Varianten von kognitiv-verhaltenstherapeutischen Behandlungen, bei deren Vergleich aber kaum erhebliche Unterschiede zu erwarten wären. Als diesbezügliche Beispiele können genannt werden,

- Vergleiche von unterschiedlichen Varianten einer Reizüberflutung (flooding) bei
    Agoraphobie (Emmelkamp & Wessels, 1975),
- Vergleiche eines Entspannungs- mit einem Kommunikationstraining als Ergänzung
    zu einer Expositionstherapie bei Panikstörung (Arnow et al., 1985),
- Vergleiche von systematischer Desensibilisierung, kognitiver Restrukturierung und
    deren Kombination bei Ängsten (Woodward, & Jones, 1980),
- Vergleiche einer systematischer Desensibilisierung, Meditation und deren
    Kombination, alle als Selbsthilfemethoden bei Sprechängsten (Kirsch &
    Henry, 1979).

Wampold et al. (1997) haben die Effektstärken aus allen verfügbaren Vergleichsvariablen einbezogen, also auch von solchen, bei denen allgemein mit eher abgeschwächten Effekten zu rechnen wäre: aus ergänzenden, explorativen Vergleichen und solche aus Katamnesen. Auf eine Zusammenfassung und Gruppierung nach der Art der verglichenen Methoden wurde verzichtet, die Vorzeichen aller Effektstärken wurden per Zufall bestimmt und ihre Beträge aggregiert. Die ganze Analyse macht damit den Eindruck, als würde sie auf eine Bestätigung von nur geringen

Behandlungsunterschieden abzielen. Die so scheinbar auch gelungen ist: die Autoren belegen eine homogene Verteilung der Effektstärken um null mit einer maximalen Obergrenze von ES = 0,20. Schließlich wurde aus diesem überwiegend aus Vergleichen zwischen verhaltenstherapeutischer Varianten gewonnene Ergebnis auf die Gesamtheit der Psychotherapien geschlossen, wieder indem der ausgestorbene Vogel zitiert wurde: „all must have prices".

Dieses Urteil wurde auch von Luborsky et al. (2002) gefällt, die von 17 Metaanalysen mit Bona-Fide-Vergleichen berichteten, welche im Vergleich der Behandlungseffekte Effektstärken von im Mittel nur 0,20 ergeben hätten. Unter den einbezogenen Behandlungsvergleichen (z. B. bei Berman et al., 1985) waren allerdings wiederum auch solche, bei denen kaum große Differenzen zu erwarten wären, so beispielsweise zwischen den bei Ängsten gleichermaßen wirkungsvollen kognitiv-verhaltenstherapeutischen Methoden der kognitiven Therapie und der systematischen Desensibilisierung. In der von Luborsky et al. ebenfalls angeführten Metaanalyse von Robinson et al. (1990) über psychotherapeutische Behandlungsmethoden der Depression waren die zu den Methodenvergleichen gewonnenen Effektstärken durch die für die jeweilige Forschergruppe anzunehmende Allegiance für die Behandlung korrigiert worden. Diese war auf Grundlage deren theoretischen Ausführungen nach Einschätzung durch zwei unabhängige Beurteiler auf einer 5-Punkte-Skala eingestuft worden und zeigte einen deutlichen Zusammenhang von r=0,58 mit den einbezogenen Effektstärken. Die regressionsstatistische Korrektur dieses Zusammenhangs habe - leider ohne genauere Beschreibung der spezifischen Methodik - eine starke Minderung der für die verhaltenstherapeutischen Behandlungen bestehenden Effektstärken ergeben, für die kognitive Therapie im Vergleich zu anderen „verbalen Therapien" in einem erstaunlichen Ausmaß von ES 0,47 auf ES -0,15. Insgesamt lassen die in dieser Arbeit angewandten Methoden fast eine Allegiance mit dem Dodo-Mythos vermuten. Für jeden der einbezogenen Vergleiche wurde mit nur wenigen Ausnahmen, wie etwa subjektiven Therapiebewertungen oder physiologischen Parametern, die ganze Vielfalt an vorliegenden Ergebnissen einschließlich von Follow-Up-Daten gemittelt, bei denen ja nicht immer ein enger Zusammenhang mit Behandlungseffekten zu erwarten wäre. Und bei Variablen, für welche zwar eine Messung angegeben wurde, aber keine Daten vorlagen, wurden sehr konservativ die Effektstärken gleich null gesetzt. So sind tatsächlich nur geringe Unterschiede zwischen den Behandlungsmethoden zu erwarten, womit wohl weniger eine Unterstützung von Behandlungsentscheidungen gefördert wird als ein Erhalt einer therapeutischen Artenvielfalt.

Allgemein fällt in der Entwicklung der Psychotherapieforschung auf, dass im Vergleich zu anderen Therapiemethoden ein immer größerer Anteil der publizierten RCT's auf die Wirkungen von kognitiv-verhaltenstherapeutischen Verfahren abzielt. Sollte betreffend anderer Methoden weniger Wirksamkeitsforschung betrieben oder weniger Publizierbares produziert werden? Die Anwendung von RCTs in der Psychotherapieforschung wurde teilweise ganz grundsätzlich und manchmal auch recht heftig kritisiert. RCTs wären für die Psychotherapieforschung nicht geeignet, sie würden jene kürzeren und leichter realisierbaren Behandlungsmethoden bevorzugen, die weniger Ausbildung und Erfahrung bedürften, also vornehmlich die Methoden der KVT. Von Revenstorf (2005) waren zahlreiche Nachteile von RCTs in der Psychotherapieforschung angeführt worden:

a) „Begrenzte Validität der Messung": „Ein Interview oder erste Eindrücke bei einer Begegnung, die im strengen Sinne überhaupt nicht reliabel sind, haben oft eine größere Validität *für den Therapeuten* (eigene Hervorhebung) als ein Fragebogenergebnis" (S. 27). Variablen, die auf subjektiver Erfahrung allein beruhen, wären möglicherweise valider als die, die auf Operationalisierungen reduziert wurden.

b) „Irrepräsentative Stichproben": Die meisten kontrollierten Therapiestudien fänden mit Freiwilligen an Universitätsinstituten statt. Dabei erfolge immer eine Selbstselektion der Teilnehmer, „indem nur Patienten an der jeweiligen Psychotherapiestudie teilnehmen, die ihr Problem (a) psychisch attribuieren und (b) über begrenzte Geldmittel für eine Therapie verfügen und (c) zufällig im Einzugsbereich des Forschungsprojekts wohnen und auf die betreffende Studie aufmerksam wurden" (S. 26).

c) „Scheitern der Randomisierung": Die so angeführte Behauptung wird von Revenstorf im Text nicht weiter begründet, vermutlich ist damit aber gemeint, dass entsprechend dem bekannten „Drop-out-Problem" durch ungleiche Drop-Outs nach der Randomisierung eine Vergleichbarkeit der Gruppen nicht mehr gegeben ist.

d) „Nicht berücksichtigte klinische Signifikanz": Die statistische Signifikanz sage nichts über die klinische Signifikanz aus, statistisch signifikant bedeute nicht geheilt (S. 28, 30).

e) „Vernachlässigte Komorbidität": „Normalerweise werden in wissenschaftlichen Studien die seltene Sorte Patienten behandelt, die sich monosymptomatisch klassifizieren lässt" (S. 26), die Ergebnisse wären daher nicht auf die in der Praxis überwiegende Patientenzahl mit Mehrfachdiagnosen übertragbar.

f) „Sterilisierung der Durchführung": Auch diese Behauptung wird nicht explizit begründet, vermutlich wird damit eine häufig Manual-gebundene Durchführung von Therapien in den Studien gemeint und dass durch die angestrebte Klarheit und Rationalität „ein Verlust an Tiefe" erfolge.

g) „Nicht-Umsetzbarkeit in die Praxis": Die Situation in der Praxis entspreche nicht jener auf Forschungsinstituten und die Patienten in der Praxis wären weniger vorselektiert und zumeist auch nicht monosymptomatisch (S. 30).

h) „Unzumutbarkeit der Warteliste; Drop-out-Problem": Teilnehmer, die Wartegruppen zugeordnet wurden, suchen sich unter Umständen andere Hilfen oder steigen aus der Studie aus, weshalb der Vergleich mit der Wartegruppe nicht valide sei (S. 27).

i) „Indifferenz der unwiderlegten Nullhypothese": Eine nicht widerlegte Nullhypothese beweise nicht, dass keine Unterschiede existieren (S. 28).

j) „File-drawer-Problem": Ein signifikanter Unterschied kann bei unbekannter Anzahl nicht signifikanter (nicht publizierter) Ergebnisse immer noch zufällig sein. Und hinsichtlich des Publikationsbias weist Revenstorf auf eine weitere, ansonsten wohl zu wenig beachtete Variante hin: „... viele nicht signifikante Ergebnisse werden nicht publiziert, obwohl sie in einer Metaanalyse über alle Studien signifikante Resultate erbringen würden (was eher für die weniger intensiv beforschten Therapierichtungen zutreffen dürfte). Passt also eine Therapieform ... nicht ins aktuelle Wissenschaftsverständnis, dann werden mangels Forschung zu wenig Resultate produziert, als dass das nötige Signifikanzniveau öfter mal rein zufällig erreicht wird. Oder es werden nicht genügend insignifikante Ergebnisse veröffentlicht, um durch Aggregation Signifikanz zu erreichen" (S. 29).

Einige der hier von Revenstorf (2005) beschriebenen Probleme sind durchaus solche, welche bei der Planung, Durchführung und vor allem auch Beurteilung und Interpretation von randomisierten Vergleichsstudien zu beachten wären. Als grundsätzliche Argumente gegen die Anwendung von RCTs sind sie jedoch wenig geeignet. Denn sehr viele randomisierte Therapiestudien finden in einem klinischen Kontext statt und das auch mit Teilnehmern, bei denen

Mehrfachdiagnosen vorliegen. Und das so bezeichnete „Scheitern der Randomisierung" wird häufig vermieden, indem sogenannte „Intent-to-treat-Auswertungen" (ITT) durchgeführt werden, in die auch die Daten von Abbrechern einbezogen werden. Dass klinische Relevanz mit statistischer Signifikanz verwechselt wird, wird in neueren Studien auch nur selten der Fall sein. Und dass ein Nichtnachweis einer Wirksamkeit nicht gleichbedeutend mit dem Nachweis einer Nicht-Wirksamkeit ist, sollten auch schon niedrigsemestrige Studierende wissen. Bleibt das nicht unerhebliche Problem, dass nicht-signifikante Ergebnisse zu wenig publiziert werden. Aber auch das ist schon sehr viel früher angesprochen worden, beispielsweise von Sterling (1959), Light und Pillemer (1984) und Simes (1986).

Die von Revenstorf (2005) vorgebrachten Forderungen beinhalten schließlich, dass

a) die Praxis-Evaluation hinsichtlich der Zulassung von Therapien gleichrangig mit der kontrollierten Therapie-Forschung behandelt werde,
b) in der kontrollierten Therapieforschung schulenübergreifende Forscherteams und multizentrische Studien die glaubwürdige Durchführung von Therapievergleichen garantierten, mit langen Behandlungszeiten und hinreichenden Katamnesezeiträumen,
c) die Randomisierung als Strategie überdacht werde und „gegebenenfalls durch Balancierung der Vergleichsgruppen bezüglich absehbarer Störvariablen oder durch Cross-over-Designs ersetzt" werde,
d) die wissenschaftliche Anerkennung von Interventionstechniken neben der empirischen Evidenz, zusätzlich auf einem Experten-Konsensus „für schwer operationalisierbare Aspekte des Therapieprozesses" beruhen sollte.

Dass für die Anerkennung eines Verfahrens eine „Praxis-Evaluation" (gemäß a) und ein „Experten-Konsensus" (gemäß d) nicht nur ergänzend, sondern gleichrangig mit den Ergebnissen der empirischen Forschung zu behandeln wäre, würde allerdings Willkür und Gruppeninteressen Tür und Tor öffnen. Und die „Balancierung der Vergleichsgruppen bezüglich absehbarer Störvariablen" (gemäß c) lässt sich ja nur hinsichtlich weniger Einflüsse realisieren, zumeist aber würde wohl die Anzahl der tatsächlich möglichen Einflussgrößen die Anzahl der Teilnehmer übersteigen. Es wäre ja gerade die Randomisierung, welche vor systematischen Verzerrungen schützen sollte, auch gegen solche unbekannter Herkunft. Bleibt die Forderung b) nach schulenübergreifenden Forscherteams und multizentrischen Studien für die Vergleiche von glaubwürdigen Behandlungen mit entsprechenden Behandlungszeiten und hinreichenden Katamnesezeiträumen. Und diese kann hier nur unterstrichen werden.

Hinsichtlich der Qualität von Studien können auch zahlreiche andere Kriterien als bedeutend angesehen werden. In einer Analyse von 115 Psychotherapiestudien zur Behandlung der Depression wurde die Erfüllung der folgenden Qualitätskriterien geprüft (Cuijpers, Straten, Bohlmeijer, et al., 2010):

- Diagnoseerstellung durch ein standardisiertes Interviewverfahren oder unter
  Anwendung von DSM-Kriterien,
- Manualisierung des Behandlungsverfahrens,
- Behandlung nur durch entsprechend ausgebildete oder trainierte Therapeutinnen und
  Therapeuten,
- Prüfung der Behandlungsqualität durch Supervision oder Prüfung von
  Behandlungsprotokollen oder Behandlungsaufzeichnungen,
- Randomisierte Zuordnung der Teilnehmer durch eine dritte Instanz, ein
  Computerverfahren oder verschlossene Umschläge,
- mindestens 50 Teilnehmer pro Behandlungsgruppe, eine Anzahl, die erforderlich ist,
  damit eine Effektstärke von 0,80 auf einem 5-Prozent-Niveau signifikant werden
  kann.
- „Intent-to-Treat-Auswertung", in die also auch die Werte von Abbrechern einbezogen
  werden,
- „Verblindung" von Beurteilern.

Einflüsse dieser Kriterien ergaben sich vor allem in Form von signifikant geringeren Effektstärken bei einer saubereren Randomisierung, einer Verblindung von Beurteilern, einer „Intent-to-Treat-Auswertung" und einer Behandlungsgruppengröße von n > 50. Nur bei 11 von 115 Studien waren alle 8 dieser Kriterien erfüllt. Unter diesen war die durchschnittliche Post-Effektstärke (0,22) signifikant geringer als in den übrigen Studien (0,74). Dass signifikant geringere Effektstärken bei größeren Teilnehmerzahlen vorliegen, weist wieder auf einen Publikationsbias mit bevorzugter Publikation von signifikanten Ergebnissen hin. Dieser wurde dann auch von der gleichen Arbeitsgruppe bei einem fast identischen Material von Ausgangsstudien geprüft (Cuijpers, Smit, Bohlmeijer et al., 2010). In nunmehr 117 RCTs mit 175 Vergleichen zwischen Psychotherapie und verschiedenen Kontrollbedingungen bei Depression hatte sich eine mittlere Post-Effektstärke der Psychotherapie in der Größe von 0,67 ergeben. Das allerdings bei einer starken Ungleichverteilung um den Mittelwert der Effektstärken, mit sehr viel mehr Ergebnissen von kleinen Studien, welche mit großen Effektstärken signifikante Ergebnisse belegen konnten. Wird die unwahrscheinliche Asymmetrie der Ergebnisse dadurch korrigiert, dass die signifikanten Ergebnisse mit den größeren Effektstärken auf der einen Seite der Verteilung ergänzt werden durch die anzunehmenden unveröffentlichten nicht signifikanten Ergebnisse auf der anderen Seite, dann vermindert sich diese Effektstärke auf 0,42.

Eine unterschiedliche methodische Qualität zeigen auch die Studien zur Behandlung der PTBS, ebenso wie die darüber durchgeführten Metaanalysen. Die so auch zu teilweise unterschiedlichen Ergebnissen geführt haben. 2010 wurde ein Vergleich der metaanalytischen Methoden und Ergebnisse von Bisson et al. (2007) und des Instituts of Medicine (2008) mit einem als solches bezeichnetem „entscheidungsorientierten Modell der besten Vergleiche" durchgeführt (Klingler, 2010). Das so vorgestellte Modell beruht auf den folgenden Überlegungen:

a) Entscheidungen für oder gegen eine bestimmte Behandlungsmethode können nur aus direkten Vergleichen dieser Methoden abgeleitet werden, aus „head-to-head"-Vergleichen, nicht aber aus indirekten Vergleichen, wie in Metaanalysen, in denen die Effektstärken für jede Behandlungsmethode aus den für diese separat vorliegenden Studien abgeleitet werden, bei welchen aber überwiegend unterschiedliche Rahmenbedingungen vorliegen.

b) Für den Vergleich zwischen spezifischen Behandlungsmethoden sollten lediglich die Ergebnisse aus den mit der besten methodischen Qualität vorliegenden Studien verwendet werden. Durch die Einbeziehung von Studien geringerer Qualität sind systematische Verzerrungen möglich, welche durch eine größere Anzahl an einbezogenen Studien nicht ausgeglichen werden können.

In das entscheidungsorientierte Modell der besten Vergleiche wurden daher nur direkte Vergleiche zwischen spezifischen Verfahren aufgenommen und unter diesen nur jene, welche die meisten der folgenden Kriterien erfüllen:

„GV" = gleichwertige Verfahren betreffend den Behandlungsaufwand,
„BB" = „Blindheit" der Beurteiler,
„DA" = Dokumentation von Abbrechern.

Der Vergleich der drei Analysemethoden wurde durchgeführt mit 14 randomisierten Studien mit insgesamt 30 direkten Behandlungsvergleichen zur Behandlung von PTBS bei Soldatinnen und Soldaten. Mit Einschränkung auf diese spezifische Personengruppe zeigte sich, dass nach den Methoden des Institute of Medicine (2008) bei keiner der geprüften Behandlungen und nach jenen von Bisson et al. (2007) nur bei der traumafokussierten KVT ein signifikanter Behandlungseffekt gegeben ist. Bei der Auswertung nach dem Modell der besten Vergleiche ergab sich, dass im Einzelsetting EMDR gegenüber dem Biofeedback zu bevorzugen wäre (ein Vergleich, 9/9 Personen, GV, BB, DA erfüllt), aber für andere Behandlungsmethoden keine Wirksamkeitsunterschiede zu belegen sind.

2010 wurde von Roberts et al. eine erste Metaanalyse zur Psychotherapie der akuten Belastungsstörung präsentiert. Dabei habe sich die traumafokussierte KVT als besser wirksam erwiesen als eine Warteliste (6 Studien mit 472 Teilnehmern) und eine unterstützende Beratung (4 Studien mit 198 Teilnehmern). Bei dieser Arbeit zeigt sich auch deutlich, wie sich bei Metaanalysen die Art und Weise, in der die Behandlungen gruppiert werden, auf die Ergebnisse auswirken kann: Zu den 6 Studien zu den Methoden der traumafokussierten KVT wurde auch eine Studie von Bryant et al. (2008) gerechnet, in denen Exposition einerseits mit einem kognitiven Umstrukturieren sowie einer Wartekontrolle andererseits verglichen wurden. Exposition und kognitives Umstrukturieren waren beide der Wartekontrolle signifikant überlegen, die Exposition allerdings auch dem kognitiven Umstrukturieren. Dieser Unterschied - aus einem Vergleich, dem als echter Bona-fide-Vergleich auch besonderes Gewicht zukäme - ist bei Roberts et al. allerdings untergegangen - durch die Zuordnung von beiden Methoden zur Kategorie der traumafokussierten KVT.

Auch wenn die Anzahl an RCT's mit psychodynamischen Behandlungen immer mehr hinter jenen mit kognitiv-verhaltenstherapeutischen Methoden zurückgeblieben ist, fanden sich schließlich doch mehr als genug für eine metaanlytische Auswertung. Von Town et al. (2012) wurden 46 Studien geprüft, in denen eine randomisierte Zuordnung von Personen mit unterschiedlichen Indikationen auf eine psychoanalytische Behandlung und unterschiedliche Kontrollbedingungen erfolgt ist. Für die Vorher-Nachher-Differenzen der psychoanalytischen Behandlungsgruppen (45 Studien) wurde eine globale Effektstärke von 1,01 angegeben und für die weiteren Verbesserungen bis zum Ende eines Katamnese-Zeitraumes eine Effektstärke von 0,18 (30 Studien). Günstigere Effekte hätten sich außerdem auch in jenen 21 Studien gezeigt, bei denen eine manualisierte Durchführung der Behandlung erfolgt war. Gewertet wurden die Ergebnisse als eine Bestätigung für die anhaltenden positiven Effekte psychoanalytischer Behandlung. Keine Erwähnung fand allerdings, welches Ausmaß die Effekte im Vergleich mit den Kontrollbedingungen gehabt haben. Doch gerade das wäre von Interesse gewesen. Wurde doch im selben Jahr wieder einmal belegt, dass beachtliche Vorher-Nachher-Differenzen auch bei der Verabreichung von (pharmakologischen) Placebos auftreten: mit einer Symptom-Reduktion um durchschnittlich fast

40 Prozent, so nach 16 Placebo-kontrollierten Studien zur Depressionsbehandlung (Khan et al., 2012).

Hinsichtlich der PTBS-Behandlungen war 2013 ein Jahr der großen Metaanalysen. Von Gillies et al. wurde die erste Metaanalyse zur Behandlung der PTBS bei Kindern und Jugendlichen vorgestellt. In diese waren 14 Studien mit insgesamt 758 Behandelten aufgenommen worden, in denen die Effekte von KVT, Exposition, psychodynamischer Therapie, narrativer Exposition, unterstützender Beratung und EMDR untersucht worden sind. Als wirksamste Therapieform habe sich die KVT erwiesen. Welcher Art die Vergleichsbehandlungen waren, ist allerdings nicht berücksichtigt worden.

Das geschah auch nur teilweise in der bis zu diesem Zeitpunkt umfangreichsten Metaanalyse zur Behandlung der PTBS, jener von Watts et al. (2013). In diese wurden alle randomisierten Behandlungsvergleiche zur Behandlung einer PTBS bei Erwachsenen einbezogen. Das waren insgesamt 76 Vergleiche einer psychotherapeutischen Behandlung, 5 Vergleiche einer somatischen Behandlung und 56 Vergleiche einer pharmakologischen Behandlung mit verschiedenen Vergleichsgruppen, was eine Wartegruppe, „Treatment as Usual (TAU)", ein pharmakologisches Placebo oder auch eine andere Behandlung sein konnte. Unter den Psychotherapiestudien waren 54, welche der KVT zugeordnet wurden, 11 Studien mit EMDR-, 6 mit diversen Gruppenbehandlungen und nur jeweils eine mit einer als psychodynamisch, hypnotherapeutisch, Selbsthilfe, Biofeedback oder Resilienztherapie bezeichneten Behandlung. Als Maß für die Ergebnisse der Vergleiche wurden Effektstärken berechnet, als Differenzen zwischen den Vorher-Nachher-Differenzen, geteilt durch die gemeinsame Standardabweichung. Damit ergaben sich die jeweils größten Effektstärken mit 1,69 für die „cognitive processing therapy" (3 Studien) unter den psychotherapeutischen Verfahren, mit 1,28 für die Akupunktur (1 Studie) unter den somatischen Verfahren und mit 1,20 für das Antikonvulsivum Topiramat (3 Studien) unter den pharmakologischen Verfahren. Für gruppentherapeutische Verfahren (6 Studien) wurde eine Effektstärke von lediglich 0,46 ausgewiesen. Eine Analyse der „Funnel-Plots" hat allerdings vor allem für die Psychotherapiestudien Hinweise auf das Bestehen eines Publikationsbias ergeben, in Form von einer unerwarteten Häufigkeit von überdurchschnittlichen Effektstärken bei kleinen Studien. Weitere ergänzende Analysen haben signifikante Effekte von zusätzlichen Einflussgrößen ergeben, dies am deutlichsten in Form der gewählten Vergleichsgruppen: Bei Psychotherapiestudien bestehen größere Effektstärken bei Vergleichen mit Wartegruppen (1,26) als bei Vergleichen mit eher aktiven Behandlungen (0,92), und als bei den Vergleichen der Medikamente mit Placebos (0,42). Und sowohl in den drei Studien zur cognitive processing therapy als auch in der einzigen Studie zur Akupunktur waren die Vergleiche nur mit unbehandelten Leergruppen erfolgt.

In der Metaanalyse von Bisson et al. (2013) wurden bei 70 Psychotherapiestudien getrennnte Vergleiche der geprüften Therapien a) mit Wartegruppen/„usual care", b) mit nicht traumafokussierter KVT sowie c) mit sonstigen Therapien durchgeführt. Überlegen hätten sich die individuelle, traumafokussierte KVT und das EMDR gegenüber der nicht traumafokussierten KVT, den anderen Therapien und den Wartegruppen/usual care erwiesen, die individuelle, nicht traumafokussierte KVT gegenüber den sonstigen Therapien und den Wartegruppen/usual care und die sonstigen Therapien und die im Gruppensetting durchgeführte traumafokussierte KVT lediglich gegenüber den Wartegruppen/usual care. Entsprechend der als allgemein mangelhaft beurteilten methodischen Qualität der Studien wurden von Bisson et al. die Qualität der Evidenz als gering und das Risiko von Verzerrungen als hoch eingestuft.

2013 konnten auch schon 30 Metaanalysen mit Psychotherapiestudien aufgefunden werden, in denen der Zusammenhang der Ergebnisse mit der festgestellten Researcher-Allegiance geprüft worden war. Bei diesen betrug der mittlere Allegiance-Ergebnis-Zusammenhang immerhin r = 0,26 (Munder et al., 2013).

Noch nicht die Researcher-Allegiance, aber andere Bias-Quellen sollten bei einer nochmaligen Anwendung des entscheidungsorientierten Modells der besten Vergleiche ausgeschlossen werden (Klingler, 2016). Diesmal bei 19 Studien mit 21 Direktvergleichen von psychotherapeutischen Verfahren bei militärischem Personal mit PTBS. Die Beurteilung der Studienqualität erfolgte nun nach einem erweiterten Kriterienkatalog:

      a: angemessener Vergleich/vergleichbarer Behandlungsaufwand/Behandlungsdauer,
      b: ausreichende Dokumentation von Abbrechern,
      c: „Blindbeurteilung" der Ergebnisse,
      d: geprüfte Behandlungsqualität (Beurteilung von Ton- oder Videoaufzeichnungen durch
           Experten),
      e: keine Erwartungs-Differenzen (geprüfte „treatment credibility in Anlehnung an
           Borkovec & Nau, 1972),
      f: mehr als ein Behandler/eine Behandlerin in jeder Vergleichsgruppe.

Die Ergebnisse lassen sich wie folgt zusammenfassen:

1. Die als KVT mit Schwerpunkt Exposition zusammengefassten Behandlungen zeigten günstigere Effekte als Beratung und gegegenwartsfokussierte Behandlung. Wohl ergaben sich bei Einbeziehung aller verfügbaren Studien ungünstigere Effekte betreffend die Completerzahlen, also die Anzahl jener Personen, welche die Behandlung auch abgeschlossen haben (6 Studien, 2 bis 5 der beschriebenen Qualitätskriterien erfüllt), jedoch günstigere Effekte betreffend 5 andere Variablen (3 Studien der Qualität 3 bis 4). Bei Einschränkung auf die qualitativ am besten zu bewertenden Studien ließ sich aber keine Unterlegenheit der KVT mehr bezüglich der Anzahl der Completer feststellen (1 Studie mit 5 erfüllten Qualitätskriterien), aber weiterhin Vorzüge auf 3 anderen Variablen (1 Studie der Qualität 4).

2. Die KVT mit Schwerpunkt Exposition zeigte günstigere Effekte als eine non-direktive psychodynamisch orientierte Behandlung (1 Studie, 1 Variable, Qualität 3).

3. Die KVT mit Schwerpunkt kognitives Reprozessieren erwies sich als günstiger als ein gegenwartsorientiertes Symptom-Management (2 Studien, 3 Variablen, Qualität 5).

4. EMDR führt zu günstigeren Effekten als ein Entspannungs-Biofeedback (1 Studie, 3 Variablen, Qualität 2 bis 3).

Ohne Einschränkung auf militärisches Personal erschien im selben Jahr eine weitere Metaanalyse zu den Ergebnissen von direkten Vergleichen aktiver Behandlungen der PTBS (Tran & Gregor, 2016), welche als Bona-Fide-Behandlungen die folgenden Kriterien zu erfüllen hatten:

1) die Anwendung durch einen trainierten Therapeuten,
2) mit Adaptation der Behandlung an die Patienten auf Basis einer therapeutischen
    Beziehung, also keine Anwendung eines unveränderbaren Standard-Protokolls,
3) mit persönlicher Durchführung der Behandlung von Angesicht zu Angesicht, also nicht
    online oder telefonisch,
4) mit einer Behandlung, welche zumindest zwei der folgenden vier Kriterien erfüllt:
    a) Zitierung in einem etablierten psychotherapeutischen Ansatz,
    b) Beschreibung der Behandlung mit Bezug auf einen psychologischen Prozess,
    c) Bezug auf ein Behandlungsmanual,
    d) Beschreibung von aktiven und zitierten Behandlungselementen.

Auf dieser Grundlage konnten Tran und Gregor insgesamt 22 Arbeiten mit 24 Vergleichen in ihre Analyse einbeziehen. Dabei wurde in einem zusammenfassenden Vergleich für die als traumafokussiert beurteilten Behandlungen gegenüber den nicht traumafokussierten Behandlungen eine statistisch zwar signifikante, aber vom Betrag her geringe Überlegenheit mit einer Effektstärke von +0,14 errechnet, beziehungsweise von +0,19 und +0,23 in den Follow-ups. Die geringen Effektstärken der traumafokussierten Behandlungen und des EMDR lassen sich allerdings leicht aufklären: Unter den 9 Vergleichen der traumafokussierten Verfahren mit den nicht traumafokussierten fanden sich nicht nur Vergleiche mit relativ effizienten alternativen verhaltenstherapeutischen Behandlungen, sondern auch die ungünstigeren Ergebnisse von Gruppenbehandlungen (Schnurr et al., 2003; Cook et al., 2010), welche allgemein für traumafokussierte Methode weniger geeignet sind. Werden die Vergleiche traumafokussiert versus non-traumafokussiert auf die methodisch höchstwertigen eingeschränkt, dann bleiben aus dem Ergebnispool von Tran & Gregor nur mehr die Arbeit von Schnurr et al. (2007), mit einem sehr deutlichen positiven Effekt einer traumafokussierten Einzelbehandlung und jene von Cook et al. (2010), in der sich keine Überlegenheit eines „imagery rehearsal" in einer Gruppenbehandlung gezeigt hatte.

Zu den grundsätzlichen Vorteilen von Bona-Fide-Vergleichen, wie sie auch von Tran und Gregor (2016) untersucht wurden, zählt, dass, streng genommen, alleine aus solchen Annahmen über unterschiedliche Effekte von verschiedenen Behandlungsmethoden abgeleitet werden können. Das aber letztlich auch nur dann, wenn keine anderen methodischen Mängel bestehen, auch nicht in Form einer unterschiedlichen Allegiance von Angehörigen des Autorenteams mit einer der Behandlungen. Aber hochwertige Bona-Fide-Vergleiche sind ebenso wie andere direkte Vergleiche zwischen aktiven Behandlungsmethoden eher ein Minderheitenprogramm geblieben. Bei solchen Vergleichen wäre ja auch nur mit eher geringeren Unterschieden zu rechnen und für die so begehrten „Signifikanzen" müsste dann auch noch ein erheblich größerer Aufwand für die Rekrutierung, Behandlung und Untersuchung einer ausreichenden Zahl von Studienteilnehmerinnen und -teilnehmern geleistet werden. Da bieten andere Studiendesigns die besseren Aussichten.

Recht populär ist im beginnenden 21. Jahrhunderten eine Behandlungsmethode geworden, die ein wenig an das EMDR erinnert. Diese „Emotional Freedom Techniques (EFT)" vereinigt, vereinfachend beschrieben, Elemente des EMDR und der Akupressur, wobei traumatische Erinnerungen fokussiert und gleichzeitig Akupressurpunkte mit den Fingern rhythmisch beklopft werden (Craig, 2008; Church, Stapleton, Mollon et al., 2018). Dazu wurde auch eine Reihe von Studien durchgeführt. Eine Metaanalyse zu dieser Behandlung der PTBS hat für Vergleiche mit TAU beziehungsweise Wartegruppen (5 Studien) die hohe Effektstärke von 2,96 ergeben, während die Vergleiche mit EMDR und KVT (jeweils eine Studie) keine Unterschiede belegen konnten (Sebastian & Nelms, 2017). Ob bei dieser Behandlung das Tapping erforderlich ist, wird kontroversiell diskutiert, mit unterschiedlichen Ergebnissen. Während eine Metaanalyse, geleitet von einem Hauptproponenten des EFT (Church, Stapleton, Yang et al., 2018), das Erfordernis eines Tappings belegt habe, sei durch eine andere (Spielmans et al., 2020) das Gegenteil gezeigt worden. Eine „Tapping Solution App", die für die Behandlung angeboten wird, habe bei ihren Anwendern zu einer signifikanten Verminderung ihrer Belastungen geführt (Church, Stapleton, Sabot et al., 2020) - das im Vorher-Nachher-Vergleich!

Dass sich signifikante Belege für die Wirksamkeit der EFT nur bei Vorher-Nachher-Vergleichen und Vergleichen mit TAU und Wartegruppen zeigen ließen, entspricht ganz gut den Ergebnissen von Morina et al. (2021), die in einer Metaanalyse zur psychotherapeutischen Behandlung der PTBS bei 136 Studien nochmals den Einfluss von Methodenkriterien überprüften. Als deutlich stärkster Einfluss auf die Ergebnisse der Vergleiche hat sich dabei die Art der gewählten Vergleichsbedingung erwiesen: Unabhängig von der Art der Behandlung lag die Effektstärke bei 1,09 für die 77 Vergleiche mit passiven Kontrollen und bei nur 0,47 in 59 Vergleichen mit aktiven Kontrollen. Ähnliches ist ja auch schon von anderen zu den Behandlungsergebnissen berichtet worden, nicht nur bei PTBS (Watts et al., 2013), sondern auch bei Depression (Michopoulos et al., 2021). Die Effektstärke von 2,96 aus den 5 Vergleichen der EFT mit Wartegruppe/TAU nach Sebastian & Nelms (2017) scheint dennoch besonders hoch zu sein. Allerdings wurden 4 dieser Vergleichsstudien wieder von Church, einem der Hauptproponenten der EFT, geleitet und dabei könnte vielleicht auch ein gewisser Enthusiasmus (Allegiance!) eine Rolle gespielt haben!

Gemäß Hodgins et al. (2018) haben sich in einer pharmakologischen Vergleichsstudie mit Frauen mit PTBS massive Placebo-Effekte gezeigt, mit Vorher-Nachher-Effektstärken in Selbst- und Fremdbeurteilungsverfahren und Leistungstests in einer Größenordnung zwischen 0,27 („Performance-Based Skills Assessment") bis 1,70 („Clinician Administered PTSD-Scale"). Nach einer Metaanalyse von Motta et al. (2023) lagen ohne Differenzierung zwischen den abhängigen Variablen in 20 pharmakologischen Studien zur Behandlung der PTBS die Vorher-Nachher-Effektstärken unter Placebo zwischen 1,45 für Erwachsene/Ältere und 1,91 für Kinder. Und unter (pharmakologischen) Placebos zeigen sich deutlichere Symptomverbesserungen als unter TAU oder Wartegruppen, so schon länger belegt, zumindest aus Studien zur Behandlung der Depression (Khan et al., 2012). Mit Wartegruppen- oder TAU-Vergleichen ergeben sich damit fast beliebige Möglichkeiten, die angebliche Wirksamkeit irgendwelcher Behandlungen mit statistisch signifikanten Ergebnissen von RCTs zu belegen. Das darf - zusammen wohl mit der Freude mancher Herausgeber an Signifikanzen - als wesentlicher Grund für die allgemein schier explodierende Anzahl an Studienergebnissen gesehen werden, mit denen signifikante „wissenschaftliche" Wirksamkeitsnachweise für die unterschiedlichsten Behandlungsmethoden reklamiert werden (vergleiche Klingler, 2023a).

Neue Chancen für pharmakologische Ansätze in der Traumatherapie scheinen nun auch mit den jüngst berichteten Erfolgen mit psychodelischen Drogen gegeben. In einer Zusammenfassung von 9 Studien zur Behandlung von Personen mit PTBS und chronischen psychischen und lebensbedrohlichen körperlichen Erkrankungen konnten hohe Effektstärken für Behandlungen mit Psilocybin, LSD, Ayahuasca oder MDMA (3,4-Methylenedioxymethamphetamin) im Vergleich zu Minimaldosierungen dieser Drogen oder Placebos belegt werden (Luoma et al., 2020). Doch nicht nur wegen der so intensiven psychodelischen Effekte der Drogen, sondern auch wegen ihrer deutlichen Nebenwirkungen (z. B. Yang et al., 2024) scheint sehr wahrscheinlich, dass allen Verblindungsbemühungen zum Trotz zumeist doch erkennbar ist, welches Präparat mit einer therapeutischen Absicht verabreicht wurde. Erst kürzlich wurde belegt, wie die Ergebnisse der schwer zu verblindenden Effekte von Psilocybin durch Wirksamkeitserwartungen der Behandelten bestimmt werden: Ein Vorteil von Psilocybin in der Behandlung depressiver Symptome gegenüber

Escitalopram zeigte sich lediglich bei jenen Personen, welche vor der Randomisierung niedrigere Wirksamkeitserwartungen bezüglich Escitalopram angegeben hatten (Dutcher & Krystal, 2025). Es muss an Ergebnisse über die Auswirkungen einer mangelhaften „Verblindung" erinnert werden (Khan et al., 2012; Page et al., 2016), von der natürlich anzunehmen ist, dass damit Glauben und Wissen der Behandler Einfluss auf Glauben und Wissen der Behandelten nehmen und umgekehrt. Und damit können umso stärker Erwartungen, Placebo-Effekte, aber auch Allegiance-Effekte wirksam werden (Dragioti et al., 2015) und dort, wo Pharmainteressen berührt werden, auch ein Sponsorship-Bias (Cristea et al., 2017; Lundh et al., 2017).

Dass der RCT an die Spitze einer „Evidenzpyramide" gesetzt wird, kann somit keinesfalls bedeuten, dass dessen Ergebnisse grundsätzlich frei und unbeeinflusst von Fehlerquellen sind. Deshalb diesen als methodisches Prinzip infrage zu stellen, scheint aber wenig sinnvoll. Der RCT ist eine notwendige, aber keinesfalls hinreichende Voraussetzung für den Gewinn valider Behandlungsdaten. Doch scheinen RCTs nicht überall gleichermaßen beliebt zu sein. In der Metaanalyse von Lewis et al. (2020) waren die Durchführungszentren der insgesamt 114 untersuchten randomisierten Psychotherapiestudien mit insgesamt 61 weit überwiegend in den USA zu lokalisieren, gefolgt von 11 in Großbritannien, 9 in Australien, 5 in Deutschland, 4 in den Niederlanden und jeweils 3 in Schweden und der Türkei. Aus der Schweiz wurde ein RCT beigetragen, aus Österreich gar keiner (Lewis et al., 2020). Man fragt sich, ob Cochrane's spöttische Bemerkung von 1972 tatsächlich zutreffen könnte, dass RCTs in den katholischen Ländern weniger beliebt wären. Nun, Glaubensfragen sind vielleicht tatsächlich nicht ganz unbedeutend. Gewichtiger als der Glaube an Rom wird hier aber wahrscheinlich jener an die Päpste der Methodenschulen sein, welche der empirischen Forschung häufig skeptisch gegenüberstehen. Und das vermutlich oft aus gutem Grund. Auch nach den umfassendsten Recherchen (Lewis et al., 2020; Morina et al., 2021) konnten für Traumafolgestörungen keine durch randomisierte Studien gegebenen Belege für Vorteile der so weit verbreiteten und gelehrten psychoanalytischen, gesprächspsychotherapeutischen und hypno-systemischen Methoden gegenüber anderen Therapieformen gefunden werden. Doch gerade von dieser Seite kommt es immer wieder zu einer Kritik an der Methodik der RCTs. Und ähnlich wie schon bei Revenstorf werden dabei allgemein bestehende Forschungsprobleme spezifisch auf die kontrollierte Psychotherapieforschung bezogen, manchmal auch angereichert mit Irrtümern und Halbwahrheiten. Beispielsweise wurde noch 2019 von Kriz behauptet:

- RCTs würden manualisierte Programme erfordern, damit die Verhaltenstherapie bevorzugen und solche Behandlungen benachteiligen, die auf einer dynamischen Passung von eher allgemeinen Prinzipien an die gegenwärtige Problemsituation beruhen.

- RCTs würden das Wesentliche verfehlen; ihre Bevorzugung wäre so, als wenn die Autolobby lediglich den Nachweis gelten ließe, wie schnell man auf Autobahnen vorankommt.

- Der Begriff der Effektstärke sei ein irreführender Begriff, weil die Standardabweichung, durch welche die Mittelwertsdifferenz zu teilen ist, „fast nichts" mit Effektivität zu tun habe.

- Die Effektstärke messe keine therapeutischen Effekte, weil es möglich sei, dass auch bei hohen Effektstärken nur ein geringer Teil der Patienten „geheilt" worden sei, hingegen ein größerer Anteil an „Geheilten" auch bei geringeren Effektstärken bestehen könne.

- Es sei ein „Unsinn, in komplexen Prozessräumen mit nichtlinearen Wechselwirkungen, wie dies für Psychotherapie typisch ist, nach isolierbaren Wirkfaktoren zu suchen".

Auf solche Argumente soll hier nicht mehr eingegangen werden. Aber darauf hingewiesen, dass bei allen Alternativen zu den RCT's, etwa Beobachtungsstudien mit den zahlreichen Varianten sogenannter „Korrelationsstudien", Fallanalysen und natürlich auch bei der klinischen Erfahrung, womit ja viele Therapieschulen begründet werden, nicht nur ähnliche Fehlerquellen wie bei den RCT's möglich sind, sondern dass darüber hinaus noch eine Fülle an weiteren Problemen besteht, so etwa hinsichtlich der Selektion von Personen und Ergebnissen, der Spezifizierung und Diskriminierung der Einflussgrößen, der Vergleichbarkeit mit alternativen Behandlungen, der Übertragbarkeit der Ergebnisse. Solche Probleme und noch viel mehr wären in der empirischen Forschung und in der Begründung psychotherapeutischer Methoden selbstverständlich immer zu beachten, auch dann, wenn sie den standespolitischen Interessen nicht ganz förderlich sind. Solche wurden interessanterweise auch von Kriz (2019) ins Spiel gebracht. So diene nach ihm „das Ausmass an methodischem Unverständnis und faktischem Missbrauch der guten Idee von «Evidenzbasierung»" ... „eher einer interessengeleiteten Selektion bestimmter psychotherapeutischer Ansätze". Wenig überraschend, dass Kriz Ehrenmitglied von Gesellschaften für Logotherapie, humanistische Therapie, Gestalttherapie und systemische Therapie ist. Es ist genau seine Infragestellung des RCTs, die im Interesse der Mehrheit der Therapieschulen ist, welche Ausbildungs- und Kassenfinanzierungsansprüche stellen, ohne dass die Effekte ihrer Behandlungsmethoden ausreichend belegt wurden. Würde nur mehr vertreten und finanziert, was ähnlich wie in der Pharmaforschung, durch sorgfältige Vergleichsstudien geprüft wurde, hätte das für etliche Ausbildungsvereine katastrophale Folgen, vor allem in wirtschaftlicher Hinsicht. Vielleicht aber wäre dann der Status der Psychotherapie ein besserer, und damit auch eine größere Bereitschaft der Kostenträger gegeben, diese im Sinne der Hilfesuchenden ausreichend zu finanzieren. Es sei nachdrücklich gemahnt: Die Forschung, ihre Methoden und ihre Ergebnisse den Einflüssen von Gruppeninteressen zu unterwerfen, wird nicht nur den Gang der Erkenntnis behindern, sondern leider auch dazu beitragen, dass Hilfebedürftigen eine wirkungsvolle Behandlung verwehrt bleibt.

3 Trauma-Folgestörungen: psychotherapeutische Methoden im Vergleich

3.1 Probleme und Zielsetzungen

Obgleich zahlreiche Studien ein recht gutes Ansprechen der posttraumatischen Belastungsstörung und anderer Traumafolgestörungen auf manche psychotherapeutische Behandlungen belegen, zeigen große internationale Umfragen bei Betroffenen, dass aus deren Sicht die Erfolge weniger überzeugend sind (Harris et al., 2020; Stein et al., 2020). Auch in der Praxis werden nicht selten unbefriedigende Behandlungsergebnisse berichtet. Doch woran liegt die Diskrepanz zwischen den Ergebnissen in der Forschung und der Praxis? Kann es in der Praxis allzu leicht geschehen, dass Betroffene mit weniger geeigneten Methoden behandelt werden? Könnte es sein, dass die nach der Forschung so positiv zu beurteilenden Methoden in der Praxis weniger funktionieren? Oder dass in der Praxis weniger mit diesen traumafokussierten Methoden gearbeitet wird, weil die Betroffenen und/oder deren Therapeutinnen und Therapeuten einfach die Konfrontation mit einer schrecklichen Realität scheuen?

Viele Reviews und Metaanalysen zeigen wohl recht deutlich eine Überlegenheit der sogenannten traumafokussierten Methoden, sind aber mit dem Problem behaftet, dass in ihnen die Ergebnisse von Studien sehr unterschiedlicher Qualität zusammengefasst wurden, zum Teil mit methodischen Mängeln, welche sich wahrscheinlich auch nicht durch statistische Methoden verlässlich korrigieren lassen. In die Ergebnisse vieler Studien gehen unkontrollierte und möglicherweise verzerrende Erwartungen und Hoffnungen der Behandelten ein, aber auch ihrer Therapeutinnen und Therapeuten, Studienleiterinnen und -leiter. Die umfangreichsten Studien mit tausenden Behandelten nützen nichts, wenn diese in einem unbekannten Ausmaß Placebo-, Erwartungs- und/oder Allegiance-Effekte widerspiegeln. Es scheint gar nicht leicht auszuschließen, dass der so mächtige „body of evidence" vor allem einen mächtigen Einfluss des Glaubens zeigt. Manche unerwünschten Einflüsse können vielleicht aber weniger wirksam werden in direkten Vergleichen von Behandlungen, welche beide im guten Glauben an deren Wirksamkeit, also „bona fide", als vollwertige Therapien durchgeführt wurden. Auch über solche Vergleiche, welche leider nur in geringerer Zahl vorliegen, wurden Metaanalysen durchgeführt, wie schon berichtet, etwa von Wampold et al. (1997) oder Tran & Gregor (2016). Beide Analysen hatten nur geringe Effektstärken ergeben, was nicht sehr verwunderlich ist, wenn jeweils beide verglichenen Behandlungen von Fachleuten als vollwertig erachtet werden. Bei Wampold et al. sind allerdings einige methodische Fragwürdigkeiten gegeben und Tran & Gregor haben in ihren Vergleich der traumafokussierten mit den gegenwartsfokussierten Verfahren auch Gruppenbehandlungen einbezogen (Schnurr et al., 2003; Cook et al., 2010), ein Setting, das bei Traumafolgestörungen allgemein (z. B. Watts et al., 2013) und für die traumafokussierten Methoden (Resick et al., 2017) weniger geeignet erscheint.

In einer weiteren Analyse von insgesamt 54 direkten Vergleichen aktiver Behandlungen (Klingler, 2023a) erfolgte eine getrennte Auswertung von Behandlungen im Einzel- und im Gruppensetting und eine Berücksichtigung der methodischen Qualität der Studien mit einer ergänzenden Auswertung, eingeschränkt auf die methodisch am besten einzustufenden Studien (Modell der besten Vergleiche). Im Einzelsetting zeigten sich dabei zwar nur mäßige, aber deutlich höhere Effektstärken zugunsten der traumafokussierten Methoden als bei Wampold et al. (1997) und Tran & Gregor (2016). Keine Berücksichtigung haben allerdings wiederum mögliche Allegiance-Einflüsse gefunden. Auch bei Vergleichen von Bona-Fide-Therapien kann die Allegiance eine verzerrende Wirkung haben, einfach dadurch, dass trotz der anzunehmenden Vollwertigkeit von beiden Behandlungen überwiegende Präferenzen für eine der beiden bestehen. Nun wäre somit zu prüfen, ob sich frühere Ergebnisse auch unter Einbeziehung von zusätzlichen neueren Arbeiten und bei einer strikteren Selektion der Vergleiche nach Bona-Fide-Kriterien bestätigen lassen und in welchem Ausmaß sich spezifische methodische Merkmale der Studien und eine erkennbare Allegiance deren Autorinnen oder Autoren auf die Ergebnisse auswirken.

3.2 Methoden

3.2.1 Recherche und Auswahl von Studien und Behandlungsvergleichen

Als die wichtigsten Kriterien für die einzubeziehenden Behandlungsvergleiche wären die folgenden anzuführen:

1. Bestehen einer Trauma-Folgestörung

Bei den behandelten Personen soll ein Trauma und Symptome einer posttraumatischen Belastungsreaktion nach den Kriterien der World Health Organisation (1992, 2024) oder der American Psychiatric Association (1980, 1994, 2013, 2022) dokumentiert sein. Damit werden auch Personen mit anderen Traumafolgestörungen als einer posttraumatischen Belastungsstörung eingeschlossen, so etwa solche mit einer unvollständigen Symptomatik (partielle oder subsyndromale PTBS), mit einer akuten Belastungsstörung oder mit einer anhaltenden Trauerstörung mit posttraumatischen Symptomen. Die vorliegenden Forschungsergebnisse zeigen, dass bei diesen Störungen ähnliche Behandlungen wie bei der posttraumatischen Belastungsstörung wirksam sind, sodass eine Zusammenfassung dieser sehr verwandten Störungen sinnvoll und gerechtfertigt erscheint.

2. Durchführung von zumindest einer psychologischen/psychotherapeutischen Behandlung

Von den verglichenen Behandlungen soll zumindest eine als eine im weitesten Sinne psychologische beziehungsweise psychotherapeutische Behandlung eingestuft werden können. Es sind diese Behandlungen, die am eindeutigsten in den Kompetenzbereich des Autors fallen und die nach dem bisherigen Stand bei Traumafolgestörungen die beste Wirksamkeit zeigen. Zulässig wären mit diesem Kriterium aber auch Psychotherapie-Pharmakotherapie-Vergleiche oder Vergleiche einer Psychotherapie mit sonstigen Methoden wie Sport, physikalische Therapie, Akupunktur oder dergleichen.

3. Durchführung einer randomisierten Vergleichsstudie

Die untersuchten Personen sollen nach dem Zufallsprinzip auf die verglichenen Behandlungen aufgeteilt worden sein, es sollte sich also um eine randomisierte Vergleichsstudie, einen „randomized controlled trial" (RCT) handeln. Durch diesen unabdingbaren methodischen Standard für den Vergleich von Behandlungseffekten soll verhindert werden, dass es zu einer bewussten oder unbewussten Vorselektion kommt, welche die Ergebnisse beeinflussen könnte. Die allgemeine Selektion nach beschriebenen Ein-Ausschlusskriterien muss noch vor der Randomisierung, der Behandlung und der Auswertung erfolgt sein. Ergebnisse aus im Nachhinein gebildeten Subgruppen, oft als Subgruppenanalysen bezeichnet, werden nicht berücksichtigt, da bei diesen nicht auszuschließen ist, dass die Auswahl der Subgruppen nach den vorliegenden Ergebnissen erfolgt.

4. Durchführung von beiden verglichenen Behandlungen im guten Glauben (bona fide) an deren Wirksamkeit.

Vor allem waren Studien gesucht, bei denen keine Gründe für die Annahme vorliegen, dass nicht beide verglichenen Behandlungen als vollwertige Behandlungen mit gutem Glauben an deren Wirksamkeit „bona fide" durchgeführt wurden. Damit ist erforderlich, dass keine der Behandlungen als Kontrolle oder Placebo bezeichnet oder speziell als Vergleichsbehandlung konstruiert oder nur sehr ungenau beschrieben wurde, ohne dass ein Behandlungskonzept oder eine Behandlungsabsicht erkennbar waren. Entsprechend waren auch alle Behandlungsvergleiche mit als solche oder ähnlich bezeichneten „Wartekontrollen" oder „Treatment as Usual" (TAU) auszuschließen. Unter Anwendung dieser im Vergleich zu einer Vorgängerarbeit (Klingler, 2023a) etwas strikteren Auswahlkriterien wurden beispielsweise auch nicht mehr die Arbeiten von Gilboa-Schechtman et al. (2010) und Nacasch et al. (2011) in die Analysen einbezogen, weil zu deutliche Gründe bestanden, den Bona-Fide-Charakter der Behandlungen anzuzweifeln, mit denen eine prolongierte Exposition jeweils verglichen wurde. Bei Gilboa-Schechtman war eine „time-limited dynamic therapy" als eine „active control" bezeichnet worden, bei Nacasch et al. eine „nondirective, psychodynamically oriented therapy" als TAU. Auch die Vergleiche von Rossouw et al. (2016), nicht jedoch Rossouw et al. (2018), wurden ausgeschlossen, weil bei Rossouw et al. 2016 das untersuchte „supportive counceling" mehrfach als „control" bezeichnet wurde. Weiters wurden die von Tran und Gregor (2016) einbezogenen Vergleiche von Schnurr et al. (2007) und Cook et al. (2010) hier nicht berücksichtigt, weil bei diesen eine der verglichenen Behandlungen als „control" bezeichnet worden war.

5. Vergleich von unterschiedlichen Methoden, nicht lediglich verschiedener Settings

Die verglichenen Behandlungen müssen sich hinsichtlich erkennbarer Behandlungskomponenten unterscheiden und nicht lediglich hinsichtlich des Behandlungssettings, wie etwa Einzel- versus Gruppensetting oder „face-to-face" versus „video-conferencing".

6. Vorliegen der für eine metaanalytische Auswertung geeigneten Daten

Es sollten zumindest auf einer der für die Auswertung vorgesehenen Variablen (gemäß Abschnitt 3.2.4) metaanalytisch verwertbare Daten vorliegen, also Häufigkeitsangaben für die Berechnung der relativen Risiken sowie Häufigkeiten, Mittelwerte, Standardabweichungen, Standardfehler oder Vertrauensintervalle für die Berechnungen von standardisierten Mittelwertsdifferenzen. Arbeiten, bei denen nur Abbrecherzahlen verwertbar waren, wurden nicht berücksichtigt.

7. Vorliegen einer Publikation in englischer oder deutscher Sprache.

Verwertet wurden nur Publikationen, die in englischer oder deutscher Sprache vorlagen.

Die Recherchen wurden unter Nutzung der „PubMed"-Datenbank (https://pubmed.ncbi.nlm.nih.gov) der nationalen medizinischen Bibliothek der Vereinigten Staaten durchgeführt. Hier konnten in explorativen Voruntersuchungen mehr relevante Arbeiten aufgefunden werden als in anderen Datenbanken. Sie wurden im Laufe des Jahres 2024 und mit den Stichwörtern „traumatic", „stress", „disorder", „psychotherapy" und dem Kriterium „randomized trial" durchgeführt, getrennt nach Erscheinungsjahrgängen und mit einer abschließenden Recherche am 02.01.2025. Von den auf diese Weise aufgefundenen Arbeiten erfolgte der Ausschluss von ungeeigneten Arbeiten wie in der Folge (Abschnitt 3.3.1) beschrieben, sukzessive nach den genannten Kriterien, welche häufig schon nach den gegebenen Abstracts zu prüfen waren, ohne dass weiters untersucht wurde, ob auch andere Kriterien nicht erfüllt werden. Die auf diese Weise für die Metaanalyse gewonnenen Arbeiten wurden ergänzt um solche, welche nach deren Literaturverzeichnissen aufzufinden waren und nach den schon von Tran & Gregor (2016), Lewis et al. (2020) und Klingler (2023a) durchgeführten Recherchen.

3.2.2 Gruppierung der Behandlungsmethoden und -vergleiche

Zur Durchführung von zusammenfassenden Auswertungen waren die aufgefundenen Behandlungen und Behandlungsvergleiche nach inhaltlichen Kriterien zu gruppieren. Um dabei den Informationsverlust möglichst gering und transparent zu halten, wurde zunächst sehr differenziert vorgegangen, sodass sehr viele Therapievarianten unterschieden wurden, in welche dann naturgemäß jeweils nur eine geringe Anzahl an Vergleichen eingehen konnten. Erst daran anschließend war ein zusammenfassender Vergleich der gegenwartsfokussierten mit traumafokussierten Methoden vorgesehen, bei der durch eine ausreichende Anzahl an Ergebnissen auch weiterführende Auswertungen zum Einfluss von Subgruppen, Allegiance und methodischer Qualität möglich sind. Wie die Behandlungsmethoden im Speziellen gruppiert wurden, ist dem Anhang zu entnehmen.

3.2.3 Kodierung der Researcher-Allegiance und der methodischen Qualität

Die Allegiance wurde mit den Werten -1, 0 und +1 beurteilt, je nachdem ob innerhalb des Autorinnen- und Autorenteams nur Proponentinnen und Proponenten der ersten Behandlung (-1), der zweiten Behandlung (+1) oder von beiden beziehungsweise keiner der verglichenen Behandlungen (0) festzustellen sind. Dabei wurde als Proponentin oder Proponent einer Behandlung, der oder die auch von einem bestimmten Ergebnis profitieren könnte, jedes Mitglied des Autorenteams eingestuft, von welcher im Literaturverzeichnis eine Autorenschaft für ein Lehrbuch oder ein Manual für diese Behandlung aufzufinden war. Das scheint etwas einfacher als in vergleichbaren Untersuchungen (z.B. bei Robinson et al., 1990, Tran & Gregor, 2016), dafür aber auch transparenter und leichter überprüfbar.

Bei allen Vergleichsuntersuchungen wurde auch untersucht, ob die folgenden methodischen Qualitätskriterien erfüllt werden:

a: angemessener Vergleich: Behandlungsaufwand und Behandlungsdauer nicht größer als in der Vergleichsbehandlung;
b: vergleichbare Behandlungsqualität: vergleichbare Ausbildung der Durchführenden;
c: ausreichende Behandlerunabhängigkeit: mehr als ein Behandler oder eine Behandlerin pro Behandlungsgruppe;
d: geprüfte Vergleichbarkeit der Behandelten: Ausgangswerte und mindestens 7 prognostische Variablen ohne Unterschiede mit p < 0,05;
e: keine Erwartungs-Differenzen: „treatment credibility" der Behandlungen durch Verfahren entsprechend Borkovec & Nau (1972) geprüft und ohne Unterschiede mit p < 0,05;
f: Dokumentation von Abbrechern;
g: „Blindbeurteilung" der Ergebnisse.

Das entspricht nur teilweise den von Cuijpers, Straten, Bohlmeier et al. (2010) geforderten Kriterien. In der hier durchgeführten Arbeit wurde stärker Wert darauf gelegt, dass die verglichenen Behandlungen auch hinsichtlich ihres Behandlungsaufwandes, der Qualität ihrer Durchführung, der Ausbildung der Therapeutinnen beziehungsweise Therapeuten vergleichbar sind und vor allem hinsichtlich des seltener berücksichtigten Kriteriums der Therapie- und Erfolgserwartungen der Behandelten, welche durch die Ankündigung und Beschreibungen der Behandlungen evoziert werden und deren Ergebnisse beeinflussen können.

Auf Grundlage der hier beschriebenen Kriterien a bis f wurde für jeden Behandlungsvergleich ein Qualitätsscore (QS) errechnet, der hinsichtlich Einzelbeurteilungen die Werte -1, 0 und +1 und nach den 7 Einzelkriterien aufaddiert Werte zwischen -7 und +7 annehmen kann.

3.2.4 Bestimmung von Beurteilungskriterien, Zielvariablen

Grundlage für die Beurteilung der Behandlungseffekte sollten die folgenden Variablen darstellen:

- die Anzahl der Behandlungsabbrüche („Abbrecher"),
- die Anzahl der Personen, bei welchen auch nach der Behandlung die Kriterien einer PTBS-Diagnose erfüllt waren („PTBS-Diagnosen"),
- die durchschnittliche Ausprägung von PTBS-Symptomen („PTBS-Symptome"),
- die durchschnittliche Ausprägung von depressiven Symptomen („depressive Symptome").

Hinsichtlich jeder dieser Variablen war zu unterscheiden, ob sie erfasst wurde

- unmittelbar nach der Behandlung („post") oder
- nach einem möglichst lange aber zumindest drei Monate andauernden Zeitraum nach Abschluss Behandlung im Rahmen eines „Follow-ups" („FU"),

- bei allen Personen, welche die Behandlung begonnen haben („intent to treat": „ITT") oder
- nur bei jenen Personen, welche die Behandlung auch abgeschlossen haben („observed cases": „OC").

Für die Variablen PTBS-Symptome und depressive Symptome war weiters auch zu unterscheiden, ob diese mittels eines Fremd- oder eines Selbstbeurteilungsverfahrens (FB oder SB) erfasst worden sind.

Damit erfolgte die Beurteilung der Behandlungseffekte auf Grundlage von 21 Variablen, nämlicher der Anzahl der Abbrecher (1 Variable), der Anzahl der PTBS-Diagnosen, differenziert nach post- oder FU-Zeitpunkt und ITT- oder OC-Auswertung (4 Variablen), sowie für die PTBS- und die depressiven Symptome, diese jeweils differenziert nach Selbst- oder Fremdbeurteilung, post oder FU und ITT oder OC (16 Variablen). Welche aus den folgenden Gründen als notwendig und gleichwertig erachtet wurden:

- Eine Berücksichtigung der Anzahl der Abbrecher scheint insofern erforderlich, als dass mit jedem Behandlungsabbruch für die Betroffenen ein nicht abzuschätzender Schaden gegeben ist, dessen Ausgleich durch die möglichen Chancen einer Behandlung keinesfalls als gesichert anzusehen wäre.

- Unverzichtbar für die Beurteilung einer Behandlung ist die Häufigkeit, mit der jene Diagnose, die in der überwiegenden Mehrzahl der Behandlungen Behandlungsgrund und

Einschlusskriterium für die Teilnehmer war, auch noch nach der Behandlung gestellt werden kann beziehungsweise gestellt werden muss. Dazu wäre zu bedenken, dass ein Verlust der Diagnose („loss of diagnosis") auch bei relativ geringfügigen Verbesserungen möglich sein könnte, dass aber andere dichotome „alles oder nichts"-Diagnosen, wie etwa eine vollständige oder teilweise Remission, sehr viel seltener erfasst und dokumentiert werden und das auch mit teilweise unterschiedlichen Kriterien.

- Ebenfalls unverzichtbar ist die Berücksichtigung des gegebenen Ausmaßes von PTBS-Symptomen, genau das ist es ja, auf das am meisten durch die einbezogenen Behandlungen abgezielt worden ist. Zusätzlich scheint aber auch eine Einbeziehung der depressiven Symptomatik sehr angezeigt. Nicht nur, weil depressive Symptome sehr häufig als Folge von Traumata und in Verbindung mit einer PTBS bestehen, sondern weil depressive Symptome auch allgemeiner die Lebenszufriedenheit spiegeln können.

- Natürlich wäre ein möglichst anhaltender positiver Effekt eines Behandlungsverfahrens wünschenswert, also ein Effekt, der sich dann auch noch im Rahmen eines Follow-up zeigt. Das kann aber nicht bedeuten, dass ein rascher Behandlungserfolg keinen Wert hätte, bloß weil er später im Follow-up keine Bestätigung findet.

- Als gleichwertig werden auch die Ergebnisse im Rahmen einer ITT-Auswertung mit den Ergebnissen einer OC-Auswertung beurteilt. Im Rahmen einer solchen ITT-Auswertung werden die von den Abbrechern fehlenden Werte ersetzt, entweder durch die letztverfügbaren Werte („last observation carried forwards") oder im Rahmen von spezifischen Schätzverfahren. Aber einer Behandlung, von der vornehmlich jene profitieren, welche diese auch abschließen (OC), kann der Wert ebenfalls nicht abgesprochen werden.

- Bleibt noch die gleichwertige Berücksichtigung von Selbst- und Fremdbeurteilungsverfahren. Hier muss angenommen werden, dass von den Beurteilerinnen und Beurteilern immer subjektive Einflüsse eingebracht werden, gleichgültig, ob sie sich selbst oder eine andere Person beurteilten und in welcher Weise sie über die Behandlung aufgeklärt oder auch „verblindet" waren. Und weil solche Einflüsse immer auch die Ergebnisse verzerren könnten, scheint es empfehlenswert Selbst- und Fremdbeurteilungsergebnisse gleichermaßen zu berücksichtigen, aber getrennt auszuwerten.

3.2.5 Auswertung

Die weitere Auswertung wurde getrennt nach im Einzel-, Gruppen- oder Eltern-Kind-Setting durchgeführten Behandlungen für alle Vergleiche zwischen spezifischen Behandlungsmethoden durchgeführt, für welche hierfür erforderliche Daten auf den geforderten Zielvariablen vorlagen. Erforderliche Daten waren für die relativen Risiken bei den dichotomen Variablen Abbrecher und PTBS-Diagnosen die entsprechende Häufigkeiten und für die standardisierten Mittelwertsdifferenzen bei den stetigen Variablen PTBS-Symptome und depressive Symptome die entsprechenden Häufigkeiten, Mittelwerte und Standardabweichungen. Wenn hier als Streuungsmaße Standardfehler oder Vertrauensintervalle angegeben waren, wurden aus diesen die Standardabweichungen errechnet. Bei jedem Vergleich zwischen zwei Behandlungsmethoden wurden die Unterschiede in Form der relativen Risiken und standardisierten Mittelwertsdifferenzen separat auf allen hierfür verfügbaren Zielvariablen berechnet. Lagen für einen Vergleich auf einer der Zielvariablen mehr als nur ein einzelnes Ergebnis vor, wurde eine metaanalytische Zusammenfassung durchgeführt, unter Anwendung des Programms OpenMeta (http://www.cebm.brown.edu/openmeta/index.html), mit einem

„random-effects"-Modell nach Hedges-Olkin. Bei allen Vergleichen für alle Zielvariablen soll auch geprüft werden, ob sich die Ergebnisse bestätigen lassen, wenn die Auswertung auf die nach den genannten Kriterien methodisch am besten zu bewertenden Studien eingeschränkt wird, bei denen auch kein Verdacht auf eine Researcher-Allegiance besteht.

Beim zusammenfassenden Vergleich der traumafokussierten mit den gegenwartsfokussierten Methoden, bei welchem für diesen Zweck eine ausreichende Fallzahl zu erwarten wäre, soll zusätzlich der Einfluss von Allegiance und methodischer Qualität untersucht werden. Zur Vermeidung von zusätzlichen methodischen Problemen und für den Erhalt einer Übersichtlichkeit wird dabei in den durchzuführenden Regressionsanalysen jeweils nur der Einfluss von einzelnen Variablen geprüft, bei Signifikanz mit anschließender Durchführung von Subgruppenvergleichen. Wegen der starken Abhängigkeit der Ergebnisse von den verwendeten Modellen und weiteren methodischen Unabwägbarkeiten wird auf ein regressionsanalytisches Herauspartialisieren von Methodeneinflüssen und Allegiance verzichtet.

Ebenfalls im Rahmen des zusammenfassenden Vergleichs der traumafokussierten mit den gegenwartsfokussierten Methoden sollen weitere Subgruppenanalysen durchgeführt werden, in deren Rahmen zu prüfen wäre, ob sich bei PTBS und anderen Traumafolgestörungen, bei Erwachsenen und Kindern und Jugendlichen, im Einzel- und im Gruppensetting vergleichbare Ergebnisse zeigen. Allgemein soll eine statistische Bedeutsamkeit (Signifikanz) eines Ergebnisses erst ab einer Irrtumswahrscheinlichkeit von $p < 0,01$ angenommen werden.

3.3 Ergebnisse

3.3.1 Aufgefundene Studien und Behandlungsvergleiche

Die Pub-Med-Recherche mit den Stichwörtern „traumatic", „stress", „disorder", „psychotherapy" und dem Kriterium „randomized trial" hat mit Stichtag vom 02.01.2025 insgesamt 1823 Treffer mit bis Ende 2024 dokumentierten englischsprachigen Publikationen ergeben (keine auf Deutsch). Davon wurden sukzessive (ohne Prüfung weiterer Ausschließungsgründe) insgesamt 1715 Arbeiten ausgeschlossen, aus den in Tabelle 1 angegebenen Gründen.

Ausschließungsgründe:	Anzahl ausgeschlossener Treffer:
Mehrfachpublikationen, Mehrfachnennungen (E-Publishing)	220
keine randomisierte Vergleichsstudie	588
sekundär durchgeführte Subgruppenvergleiche	17
keine Durchführung der verglichenen Behandlungen im guten Glauben (bona fide) an deren Wirksamkeit anzunehmen (Ausschluss von Vergleichen mit Wartegruppen, „TAU", mit Behandlungen, die mit deutlich geringerem Aufwand betrieben wurden, mit Behandlungen, die als „Kontrollen" deklariert wurden)	583
kein Vergleich mit einer psychotherapeutischen Behandlung	92
Vergleich von Behandlungssettings	50

keine Trauma-Folgestörung behandelt, beziehungsweise kein Trauma oder keine Traumasymptome gemäß DSM oder ICD dokumentiert	107
keine der für eine metaanalytische Auswertungen erforderlichen Daten vorhanden (vergleiche Abschnitt 3.2.4)	58

Tabelle 1: Von der weiteren Auswertung ausgeschlossene Treffer der Recherche.

Die nach der PubMed-Recherche so verbleibenden 108 Arbeiten wurden schließlich um 15 zusätzliche erweitert, auf welche nach den Literaturhinweisen in den PubMed-Treffern und nach den Recherchen von Lewis et al. (2020) und Klingler (2023a) zurückgegriffen werden konnte. Das ergab in Summe 123 einzubeziehende Studien mit insgesamt 149 Vergleichen von Behandlungen, deren Durchführung als bona fide, also im guten Glauben an deren Wirksamkeit angenommen werden kann. Dass die Anzahl der Behandlungsvergleiche jene der Studien überschreitet, ergibt sich daraus, dass in manchen Studien mehr als nur zwei Behandlungen verglichen wurden. Als Beispiel kann die Arbeit von Marks et al. (1998) angeführt werden, in welche vier verschiedene Methoden untersucht wurden, woraus sich 6 Vergleiche ergeben:

- kognitive Therapie versus Exposition (Marks et al., 1998/1),
- kognitive Therapie versus Exposition mit kognitiver Therapie kombiniert (Marks et al., 1998/2,
- kognitive Therapie versus Entspannung (Marks et al., 1998/3),
- Exposition versus Exposition mit kognitiver Therapie kombiniert (Marks et al., 1998/4),
- Exposition versus Entspannung (Marks et al., 1998/5),
- Exposition mit kognitiver Therapie kombiniert versus Entspannung (Marks et al., 1998/6).

Bewusst nicht ausgeschlossen wurden Arbeiten, bei denen Kinder oder Jugendliche behandelt oder kein Vollbild einer PTBS, sondern eine andere Traumafolgestörung vorgelegen war. Bisherige Ergebnisse haben gezeigt, dass hier kaum wesentliche Unterschiede zu erwarten wären (vergl. Klingler, 2023a). Unter den 149 einbezogenen Vergleichen befinden sich damit nur 123, bei denen bei den Behandelten mehrheitlich das Vollbild einer PTBS gegeben war, teilweise auch mit einer oder mehreren zusätzlichen Diagnosen/Komorbiditäten. Bei 18 Vergleichen lag vornehmlich eine unvollständige PTBS vor, bei 5 eine akute Stressreaktion, bei 2 eine prolongierte Trauerreaktion und bei einem der einbezogenen Vergleiche eine komplexe PTBS. Obwohl ansonsten bei der Selektion der Studien recht restriktiv vorgegangen wurde, war mit den insgesamt 118 Bona-Fide-Behandlungsvergleichen bei Erwachsenen mit PTBS die Fülle der einbezogenen Daten eine deutlich größere als bei vergleichbaren Studien. So wurden bei Tran und Gregor (2016) lediglich 24 Vergleiche aus 22 Studien berücksichtigt, darunter auch Arbeiten, welche die hier geforderten strikten Bona-Fide-Kriterien nicht erfüllen. Welcher Art nun die zu vergleichenden Behandlungen sind und in welcher Weise sie in den Vergleichen zusammengefasst wurden, kann dem Anhang entnommen werden.

3.3.2 Vergleiche spezifischer Behandlungsmethoden

Im Anhang (A.1: Vergleiche spezifischer Behandlungsmethoden) wird ein ausführlicher Überblick über die Vergleiche spezifischer Behandlungsmethoden und derer Ergebnisse geboten. Aus Gründen der Übersichtlichkeit werden hier ohne Berücksichtigung der spezifischen abhängigen Variablen nur solche Unterschiede zwischen den Behandlungsergebnissen ausgewiesen, für welche sich eine (signifikante) Irrtumswahrscheinlichkeit von $p < 0{,}01$ ergeben hat.

Jeweils mit Hinweis auf die Details der Ergebnisse (in Klammern die entsprechende Tabelle im Anhang) erfolgt hier die Reihung der Ergebnisse nach der Art der verglichenen Behandlungen.

a) Für Behandlungen im Einzelsetting ergaben sich signifikante Vorteile

einer gegenwartsfokussierten KVT mit Schwerpunkt Kognitionen gegenüber

> einer Exposition in sensu und in vivo (A.1.3.11) nach
> - einem (Marks et al., 1998/1) von 4 vorliegenden Vergleichen,
>
> einer allgemeinen oder eklektischen stabilisierenden Behandlung (A.1.3.19) nach
> - dem einzigen (Norman, 2022) vorliegenden Vergleich,

einer gegenwartsfokussierten KVT mit Schwerpunkt Verhalten und Kognitionen gegenüber

> einer gemischten oder erweiterten traumafokussierte KVT
> mit Exposition in sensu und in vivo (A.1.3.28) nach
>
> einem (Spence et al., 2014) von 3 vorliegenden Vergleichen,

einer Exposition in sensu gegenüber

> Entspannungsverfahren/meditativen Verfahren (A.1.4.10) nach
> - dem bestbewerteten (Coffey et al., 2006) von 2 vorliegenden Vergleichen,

einer Exposition in sensu und in vivo gegenüber

> einer gesprächspsychotherapeutischer/klientenzentrierter Behandlung (A.1.2.1) nach   -
> beiden (Foa et al., 2013; Brown et al., 2020) vorliegenden Vergleichen und deren
> zusammengefassten Auswertung,
>
> einer traumafokussierte KVT mit kognitivem Schwerpunkt (A.1.4.15) nach
> - 2 (Bryant, Mastrodomenico, Felmingham et al., 2008;
>   Schnurr et al., 2022) von 4 vorliegenden Vergleichen,
> - dem bestbewerteten (Bryant, Mastrodomenico, Felmingham et al., 2008)
>   von 4 vorliegenden Vergleichen,
>
> einer narrativen Exposition mit vorgeschaltetem Skills Training (A.1.4.18) nach
> - dem einzigen (Sele et al., 2023) vorliegenden Vergleich,
>
> dem EMDR (A.1.4.19) nach
> - einem (Rothbaum et al., 2005) von 5 vorliegenden Vergleichen,
> - der Zusammenfassung von 3 Vergleichen (Taylor et al., 2003; Rothbaum et al., 2005;
>   de Bont et al., 2016),
>
> Entspannungs- und meditativen Verfahren (A.1.4.21) nach
> - 3 (Marks et al., 1989; Taylor et al., 2003; Thorps et al., 2019) von 4 Vergleichen,
> - der Zusammenfassung von 2 Vergleichen (Taylor et al., 2003; Thorps et al., 2019),
> - dem bestbewerteten (Taylor et al., 2003) von 4 Vergleichen,

Medikamenten (A.1.3.24) nach
- dem bestbewerteten (Popiel et al., 2015) von 3 Vergleichen,

einer Exposition in sensu mit kognitivem Rekonstruieren gegenüber

einem allgemein stabilisierendem Verfahren (A.1.4.28) nach
- dem einzigen vorliegenden Vergleich (Bryant et al., 2003),

einer gemischten oder erweiterten traumafokussierten KVT (Imagery Rescripting) gegenüber

einem Medikament (A.1.4.41) nach
- dem einzigen vorliegenden Vergleich (Sandahl et al., 2021),

einer gemischten oder erweiterten KVT mit Exposition in sensu und in vivo gegenüber

einer gesprächspsychotherapeutischen/klientenzentrierten Behandlung (A.1.2.3) nach
- dem einzigen (Cottraux et al., 2008) vorliegenden Vergleich,

einer Seeking Safety Therapy (A.1.3.31) nach
- dem bestbewerteten (Norman et al., 2019) von 2 vorliegenden Vergleichen,

einer Exposition in sensu und in vivo (A.1.4.16) nach
- dem bestbewerteten (Bryant, Moulds, Guthrie et al., 2008)
        von 8 vorliegenden Vergleichen,

einem allgemein stabilisierenden gegenwartsfokussiertem Verfahren (A.1.4.37) nach
- einem (Litz et al., 2024) von 4 vorliegenden Vergleichen,
- der Zusammenfassung von 3 Vergleichen
        (Blanchard et al., 2003, Freyth et al., 2010, Litz et al., 2024),

einer traumafokussierten KVT mit Schwerpunkt Kognitionen gegenüber

einer gegenwartsfokussierten KVT mit Schwerpunkt Verhalten und Kognitionen (A.1.3.23)
        nach
- dem einzigen vorliegenden Vergleich (Ehlers et al., 2023),

einer Exposition in sensu und in vivo (A.1.4.15) nach
- einem (Schnurr et al., 2022) von 4 vorliegenden Vergleichen,
- der Zusammenfassung von 3 Vergleichen (Resick et al., 2002; Bryant, Mastrodomenico,
        Felmingham et el., 2008; Schnurr et al., 2022),

einer Exposition in sensu und in vivo mit kognitivem Restrukturieren gegenüber

einer Exposition in sensu (A.1.4.4) nach
- dem einzigen vorliegenden Vergleich (Bryant, Moulds, Guthrie et al., 2008),

einer Exposition in vivo (A.1.4.13) nach
- dem einzigen vorliegenden Vergleich (Bryant, Moulds, Guthrie et al., 2008),

EMDR gegenüber

>einer gemischten oder erweiterten traumafokussierten KVT mit Exposition in sensu
>>(A.1.4.32) nach
>- einem (Nijdam et al., 2012) von 4 vorliegenden Vergleichen,

>einer gemischten oder erweiterten traumafokussierten KVT
>>mit Exposition in sensu und in vivo (A.1.4.36) nach
>- 2 (Power et al., 2002; Capezzani et al., 2013) von 3 vorliegenden Vergleichen,
>- der Zusammenfassung von 3 Vergleichen
>>(Lee et al., 2002; Power et al., 2002; Capezzani et al., 2013),
>- dem bestbewerteten (Power et al., 2002) von 3 vorliegenden Vergleichen.

>einem Medikament (A.1.5.4) nach
>- dem einzigen vorliegenden Vergleich (van der Kolk et al., 2007).

Hypnotherapie gegenüber

>einem Medikament (A.1.6.1) nach
>- dem einzigen vorliegenden Vergleich (Abramowitz et al., 2008).

einem Medikament gegenüber

>Exposition in sensu und in vivo (A.1.3.24) nach
>- einem (Feng et al., 2019) von 3 vorliegenden Vergleichen.

b) Für Behandlungen im Gruppensetting ergaben sich signifikante Vorteile von

einem allgemein stabilisierenden gegenwartsfokussiertem Verfahren gegenüber

>einer gemischten oder erweiterten traumafokussierten KVT (A.1.4.38) nach
>- dem einzigen (Sloan, Unger, Lee et al., 2018) vorliegendem Vergleich.

c) Für Behandlungen in einem Eltern-Kind-Setting ergaben sich signifikante Vorteile

einer gemischten oder erweiterten KVT mit Exposition in sensu gegenüber

>einer gemischte oder erweiterte KVT mit Exposition in sensu (A.1.2.2) nach
>- einem (Cohen et al., 2004) von 2 vorliegenden Vergleichen.

Mit einer Einschränkung der Ergebnisse könnten diese nicht nur an Übersichtlichkeit, sondern vor allem auch an Verlässlichkeit gewinnen. So scheint es sinnvoll, Einzelergebnisse nicht überzubewerten, sie zeichnen sich manchmal durch besondere Rahmenbedingungen aus und bleiben oft deshalb als Einzelergebnisse bestehen, weil es zu keinen publizierbaren Bestätigungen, keinen Replikationen, gekommen ist. Bei einer Einschränkung der Ergebnisse auf jene, die auf metaanalytische Zusammenfassungen von zumindest zwei Vergleichen beruhen, ergeben sich

1. Vorzüge einer Exposition in sensu und in vivo gegenüber

    einer gesprächspsychotherapeutischen/klientenzentrierten Behandlung (A.1.2.1:
        Foa et al., 2013; Brown et al., 2020),
    dem EMDR
        (A.1.4.19: Taylor et al., 2003; Rothbaum et al., 2005; van den Berg et al., 2015),
    Entspannungs- und meditativen Verfahren
        (A.1.4.21:Taylor et al., 2003; Thorps et al. 2019),

2. Vorzüge einer traumafokussierten KVT mit Schwerpunkt Kognitionen gegenüber

    einer Exposition in sensu und in vivo (A.1.4.15: Resick et al., 2002;
        Bryant, Mastrodomenico, Felmingham et al., 2008; Schnurr et al., 2022),

3. Vorzüge des EMDR gegenüber

    einer gemischten oder erweiterten traumafokussierten KVT
        mit Exposition in sensu und in vivo
        (A.1.4.36: Lee et al., 2002; Power et al., 2002; Capezzani et al., 2013),

4. Vorzüge einer gemischten oder erweiterten KVT mit Exposition in sensu und in vivo gegenüber

    einem allgemein stabilisierenden gegenwartsfokussiertem Verfahren
        (A.1.4.37: Blanchard et al., 2003; Freyth et al., 2010; Litz et al., 2024).

Es darf aber nicht übersehen werden, dass in diese Ergebnisse auch solche mit geringerer Qualität und mit einer erkennbaren Researcher-Allegiance eingegangen sind. Doch fast schon zu übersichtlich, nämlich recht dürftig und vor allem etwas überaschend und nicht ganz einfach zu erklären werden die Ergebnisse, wollte man nur jene akzeptieren, die nach der Zusammenfassung von zumindest 3 (3+) der methodisch am besten zu bewertenden Vergleiche ohne Verdacht auf eine Researcher-Allegiance vorliegen. Dann bleibt nämlich einerseits

eine Unterlegenheit des EMDR gegenüber einer Expositionsbehandlung mit Exposition in sensu und in vivo nach Ergebnissen von Taylor et al., (2003), Rothbaum et al. (2005) und de Bont et al. (2016) und andererseits

eine Überlegenheit des EMDR gegenüber einer gemischten beziehungsweise erweiterten Expositionsbehandlung mit Exposition in sensu und in vivo nach den Ergebnissen von Lee et al. (2002), Power et al. (2002) und Capezzani et al. (2013),

beides auch hinsichtlich von Depressionssymptomen. Während in den Expositionsbehandlungen der Arbeiten von Taylor et al., Rothbaum et al., und de Bont et al. tatsächlich kaum mehr als eine prolongierte Exposition und Exposition in sensu und in vivo geboten wurden, wurde bei Lee et al. eine prolongierte Exposition durch ein Stress-Inoculationstraining, bei Power et al. durch ein kognitives Restrukturieren und bei Capezzani ebenfalls durch kognitives Restrukturieren, Aufmerksamkeitssteuerung und anderes ergänzt. Fasst man diese Expositionsbehandlungen als Exposition in sensu und in vivo mit oder ohne Ergänzung oder Erweiterung zusammen und stellt diese dem EMDR gegenüber, dann zeigen sich bei den bestbewerteten Daten (Tabelle A.1.4.x) wiederum die Vorteile der Exposition hinsichtlich Depression/FU/OC nach Taylor et al. (2003), Rothbaum et al. (2005) und de Bont et al. (2016), während die Studien mit den Vorteilen des EMDR durch die Bevorzugung der besser zu bewertenden Vergleiche keine Berücksichtigung mehr finden können.

3.3.3 Vergleiche von gegenwartsfokussierten mit traumafokussierten Behandlungsmethoden

Unter den insgesamt 123 in die Analyse einbezogenen Studien mit 149 Behandlungsvergleichen fanden sich 63 Vergleiche von gegenwartsfokussierten (GFT) mit traumafokussierten Behandlungsmethoden (TFT). 45 dieser Vergleiche betrafen Behandlungen eines Vollbildes einer PTBS, davon 42 bei Erwachsenen und 41 im Einzelsetting. Einen Überblick über die Art der einbezogenen Vergleiche bietet Tabelle A.2.1 im Anhang. Hier sei nun in Tabelle 2 eine Zusammenfassung der im Rahmen der allgemeinen Auswertung gewonnenen Ergebnisse geboten. Auf den insgesamt 21 untersuchten Zielvariablen zeigen sich 5 signifikante (p<0,01) Unterschiede zugunsten der TFT und keiner zugunsten der GFT.

Der einzige signifikante Vorteil für die GFT ergibt sich, wenn die Auswertung auf die besten verfügbaren Vergleiche beschränkt wird. Hier zeigen sich nach Sloan et al. (2023), bei einem Vergleich von Behandlungen im Gruppensetting, unter GFT die geringeren Abbrecherzahlen (siehe auch Tabelle A.2.1.3). Wird im Sinne einer größeren Verlässlichkeit der Ergebnisse jedoch die Auswertung der besten Vergleiche auf die zumindest 3 am besten zu bewertenden vorliegenden Vergleiche erweitert („bestbewertete Vergleiche (3+)" gemäß Tabelle 2, siehe auch Auswertungsprotokoll gemäß Anhang A.2.2) lassen sich allerdings wiederum nur Vorteile für die TFT bestätigen, so für die abhängigen Variablen

    - PTBS-Diagnosen FU/ITT nach Taylor et al. (2003/1 und 2), Ehlers et al. (2023),
    - PTBS-Diagnosen FU/ITT (Taylor et al. (2003/1 und 2; Ehlers et al., 2023),
    - PTBS-Symptome/Fremdbeurteilung/FU/OC nach Resick et al. (2008/2),
        – Ehlers et al. (2023), Marks et al. (1998/2 und 1998/6), Blanchard et al. (2004),
        – Sannibale et al. (2013), Thorp et al. (2019).

Um eine bessere Vergleichbarkeit mit anderen Ergebnissen herzustellen, erfolgte eine ergänzende Auswertung mit einer Berechnung von gemittelten Effektgrößen. Dabei zeigten die nach den Personenzahlen gewogenen Mittelwerte der relativen Risiken für das Weiterbestehen einer PTBS unter GFT 1,25 für alle verfügbaren Vergleiche und 1,37 für die bestbewerten („3+") Vergleiche. Die gewogenen mittleren SMD für Traumasymptome und depressive Symptome für GFT im Vergleich zu TFT betragen 0,18 für alle verfügbaren Vergleiche und 0,22 für die bestbewerten (3+) Vergleiche.

Die größere Anzahl an verfügbaren Behandlungsvergleichen lässt hier auch eine Auswertung nach spezifischen Subgruppen sinnvoll erscheinen. Dabei wurden die Unterschiede zwischen GFT und TFT innerhalb von Subgruppen der Diagnosen (Vollbild der PTBS - unvollständige PTBS/Symptome), des Alters der Behandelten (Erwachsene - Kinder/Jugendliche) und des Behandlungssettings (Einzelsetting - Gruppensetting - Eltern-Kind-Setting) geprüft. Signifikante (p<0,01) GFT-TFT-Unterschiede zeigen sich innerhalb der folgenden Subgruppen (siehe auch Tabelle A.2.1.5):

    Vorteile der TFT bei Vollbild einer PTBS bezüglich
        - PTBS-Diagnosen/post/OC (RR 1,45, N = 17, n = 813),
        - PTBS-Diagnosen/FU/OC (RR 1,61, N = 11, n = 497),
        - PTBS-Symptomen/Fremdbeurteilung/FU/OC (SMD 0,31, N = 22, n = 987),

    Vorteile der TFT bei unvollständiger PTBS/Symptomen bezüglich
        - PTBS-Symptomen/Fremdbeurteilung/post/ITT (SMD 0,60, N = 4, n = 347),

	alle verfügbaren Vergleiche			bestbewertete Vergleiche (3+)		
Abhängige Variable:	N:	n:	RR:	N:	n:	RR:
Abbrecher	57	4535	0,95	5	589	0,72
PTBS-Diagnosen/post/ITT	30	2145	1,10	5	589	1,15
PTBS-Diagnosen/post/OC	21	1035	1,37!	3	245	2,00
PTBS-Diagnosen/FU/ITT	21	1596	1,21	5	589	1,27!
PTBS-Diagnosen/FU/OC	15	716	1,64!!	3	239	1,88!
Abhängige Variable:	N:	n:	SMD:	N:	n:	SMD:
PTBS-Symptome/Selbstbeurteilung/post/ITT	12	870	+0,17	3	287	+0,25
PTBS-Symptome/Fremdbeurteilung/post/ITT	15	1170	+0,27!	5	464	+0,22
PTBS-Symptome/Selbstbeurteilung/post/OC	20	1221	+0,04	3	343	+0,35
PTBS-Symptome/Fremdbeurteilung/post/OC	33	1950	+0,15	7	508	+0,18
PTBS-Symptome/Selbstbeurteilung/FU/ITT	9	645	+0,23!	3	297	+0,29
PTBS-Symptome/Fremdbeurteilung/FU/ITT	9	620	+0,09	3	314	+0,03
PTBS-Symptome/Selbstbeurteilung/FU/OC	15	883	+0,17	3	312	+0,24
PTBS-Symptome/Fremdbeurteilung/FU/OC	27	1443	+0,23!	7	452	+0,33!
Depr. Symptome/Selbstbeurteilung/post/ITT	13	991	+0,21	3	297	+0,08
Depr. Symptome/Fremdbeurteilung/post/ITT	2	47	+0,34	-	-	-
Depr. Symptome/Selbstbeurteilung/post/OC	30	1791	+0,20	4	342	+0,21
Depr. Symptome/Fremdbeurteilung/post/OC	6	494	+0,22	4	152	+0,21
Depr. Symptome/Selbstbeurteilung/FU/ITT	11	636	+0,26	3	297	+0,24
Depr. Symptome/Fremdbeurteilung/FU/ITT	2	47	-0,13	-	-	-
Depr. Symptome/Selbstbeurteilung/FU/OC	30	1543	+0,17	4	327	+0,20
Depr. Symptome/Fremdbeurteilung/FU/OC	4	343	+0,02	-	-	-

Tabelle 2: Ergebnisse der allgemeinen Vergleiche GFT - TFT
(RR < 1,00 und SMD < 0,00 beschreiben günstigere Ergebnisse für GFT).
N: Anzahl Vergleiche.
n: Anzahl Personen.
RR: relatives Risiko.
SMD: standardisierte Mittelwertdifferenz.

Vorteile der TFT bei Erwachsenen bezüglich
- PTBS-Diagnosen/post/OC (RR 1,43, N = 20, n = 1006),
- PTBS-Diagnosen/FU/OC (RR 1,64, N = 15, n = 716),
- PTBS-Symptomen/Fremdbeurteilung/post/ITT (SMD 0,32, N = 12, n = 1042),
- PTBS-Symptomen/Fremdbeurteilung/post/OC (SMD 0,16, N = 31, n = 1855),
- PTBS-Symptomen/Fremdbeurteilung/FU/OC (SMD 0,25, N = 26, n = 1379),

Vorteile der TFT im Einzelsetting bezüglich
- PTBS-Diagnosen/post/OC (RR 1,37, N = 21, n = 1035),
- PTBS-Diagnosen/FU/OC (RR 1,64, N = 15, n = 716),
- PTBS-Symptomen/Fremdbeurteilung/post/ITT (SMD 0,30, N = 13, n = 939),
- PTBS-Symptomen/Fremdbeurteilung/post/OC (SMD 0,15, N = 33, n = 1950),
- PTBS-Symptomen/Fremdbeurteilung/FU/OC (SMD 0,23, N = 27, n = 1443),

Vorteile der GFT im Gruppensetting bezüglich
- Abbrecherzahlen (RR 0,55, N = 2, n = 268),

Vorteile der TFT im Eltern-Kind-Setting bezüglich
- PTBS-Diagnosen/post/ITT (RR 1,47, N = 2, n = 257).

Abbildung 2 zeigt die relativen Risiken für die Abbrecherzahlen, der einzigen Variablen, bei der sich ein Nachteil für die TFT ergeben hat. Das allerdings lediglich nach zwei Vergleichen von Behandlungen im Gruppensetting, bei dem sich schon nach früheren Ergebnissen allgemein weniger günstige Ergebnisse gezeigt haben. Ein Gutteil der hier im Gruppensetting gegebenen Abbrecherzahlen wird von der Studie von Sloan et al. (2018) geliefert, bei der zum Zeitpunkt post unter GGT bei 100 Teilnehmern und 21 Abbrüchen noch 77 PTBS-Diagnosen vorlagen und bei TFT bei 98 Teilnehmern und 37 Abbrüchen nur 69 PTBS-Diagnosen. Bei der anderen Arbeit im Gruppensetting von Salloum et al. (2012) sind keine PTBS-Daten nach Behandlung verfügbar.

Den Abbrecherzahlen sei aber noch ein wenig zusätzliche Aufmerksamkeit gewidmet, wird doch ein Behandlungsabbruch für Betroffene fast immer eine Belastung und ein Risiko darstellen. Und auch im Einzelsetting sind die Abbrecherzahlen etwas erhöht, wenn auch in einem nicht signifikanten Ausmaß. Für einen Vergleich von Abbrecherzahlen und PTBS-Häufigkeiten wurden nun die methodisch bestbewerten Studien ausgewählt, bei denen im Einzelsetting entsprechende Werte vorliegen. Das waren die Arbeiten von Resick et al. (2002), Taylor et al. (2003) und Ehlers et al. (2023), wobei bei Taylor et al. die Daten aus zwei Vergleichen und bei Resick et al. nur ITT-Daten verwendet werden konnten.

Bei den 4 Vergleichen mit vorliegender ITT-Auswertung stehen geringfügig erhöhten Abbrecherzahlen unter TFT geringfügig erhöhten PTBS-Häufigkeiten unter GFT gegenüber. Sehr viel deutlicher sind die Unterschiede bei den besten Arbeiten mit OC-Auswertung. Hier liegen in der Zusammenfassung der beiden Vergleiche (eine Gruppe GFT, 2 Gruppen TFT) nach Taylor et al. (2003) und dem Vergleich nach Ehlers et al. (2023) unter GFT bei 124 Randomisierten und 13 Abbrechern 38 PTBS-Diagnosen zum Zeitpunkt post und 32 PTBS-Diagnosen zum Zeitpunkt FU vor, während unter TFT bei 148 Randomisierten die Anzahl der Abbrüche bei 20 und der TFT-Diagnosen bei nur 23 zum Zeitpunkt post beziehungsweise 21 zum Zeitpunkt FU liegt. Das entspricht signifikanten relativen Risiken von 2,09 für den Zeitpunkt post und 1,94 für den Zeitpunkt FU (prozentuale Darstellung in den Abbildungen 3a für ITT-Daten und 3b für die OC-Daten). Wenn eine traumafokussierte Behandlung also vollständig absolviert wird, dann ist die Chance eines „loss of diagnosis" etwa doppelt so groß wie bei einer anderen Behandlung.

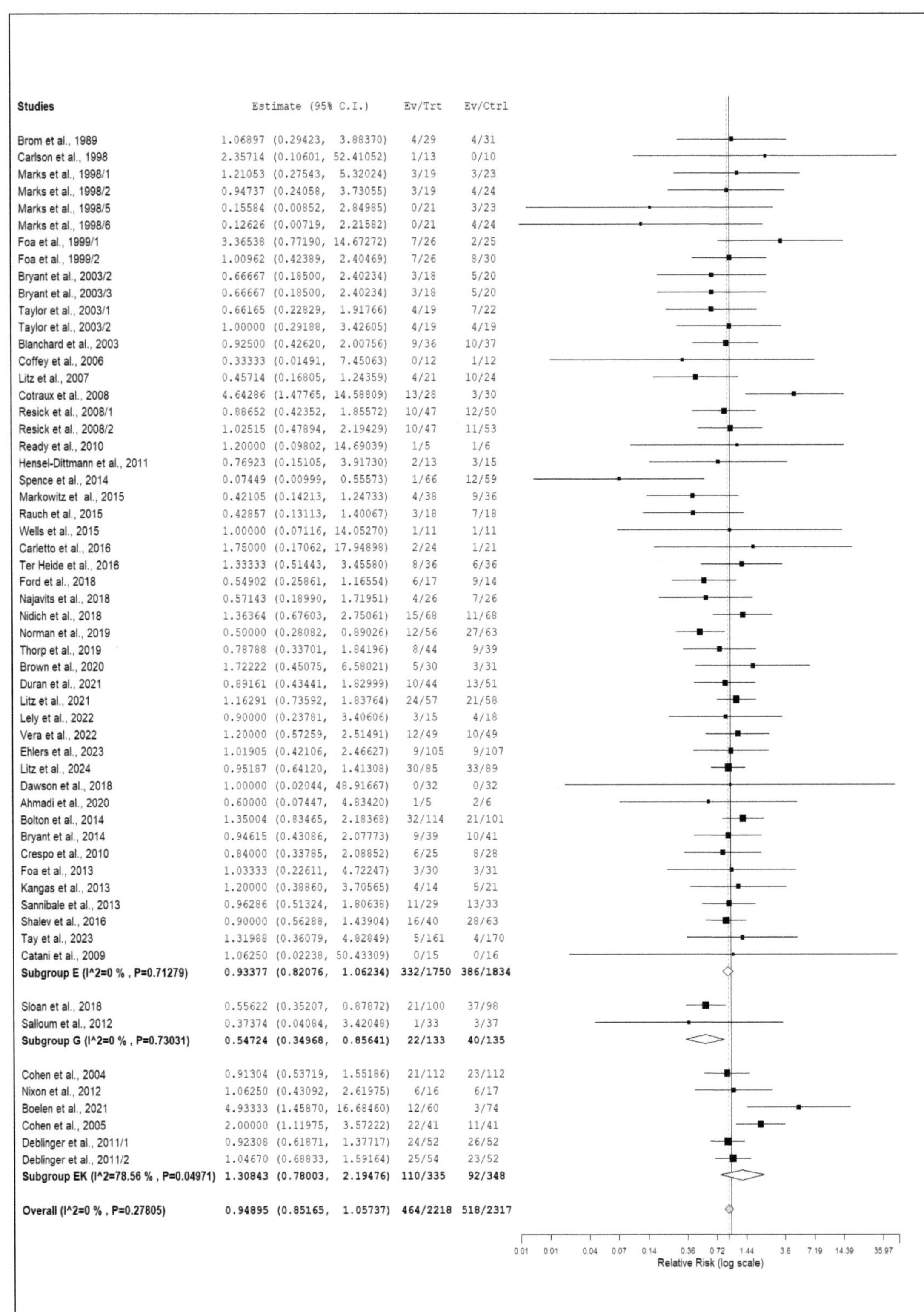

Abbildung 2: Abbrecherzahlen nach Behandlungssetting (E = Einzel, G = Gruppe, EK = Eltern-Kind), relative Risiken GFT versus TFT.

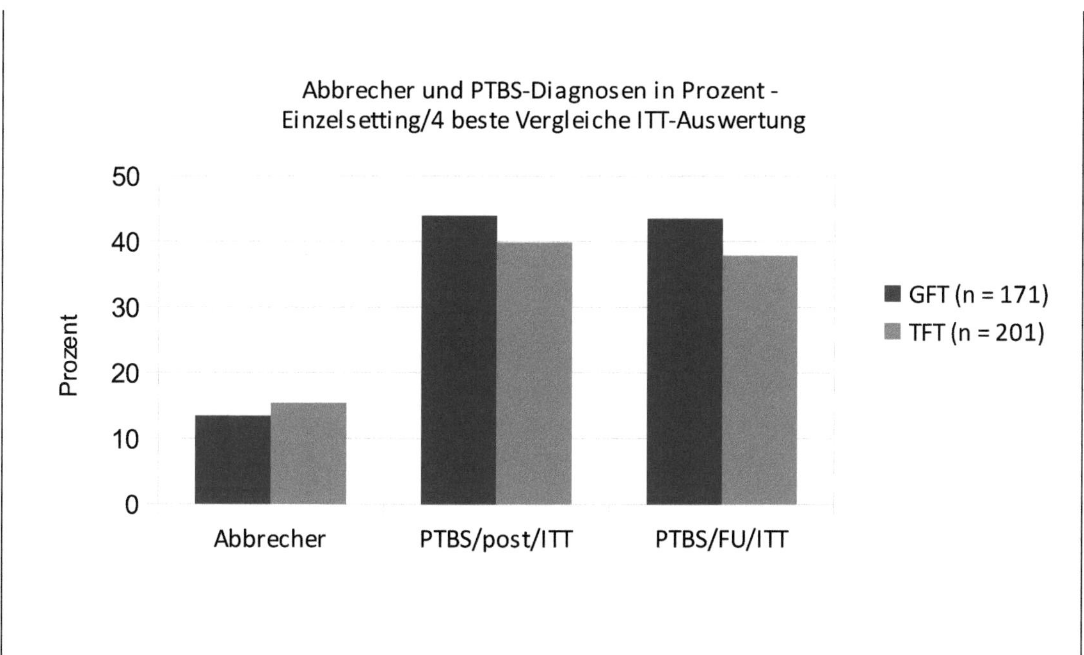

Abbildung 3a: Die nach Auswertung der 4 besten (QS 6) Vergleiche von GFT und TFT in Bezug auf PTBS-Diagnosehäufigkeiten bei ITT-Auswertung.

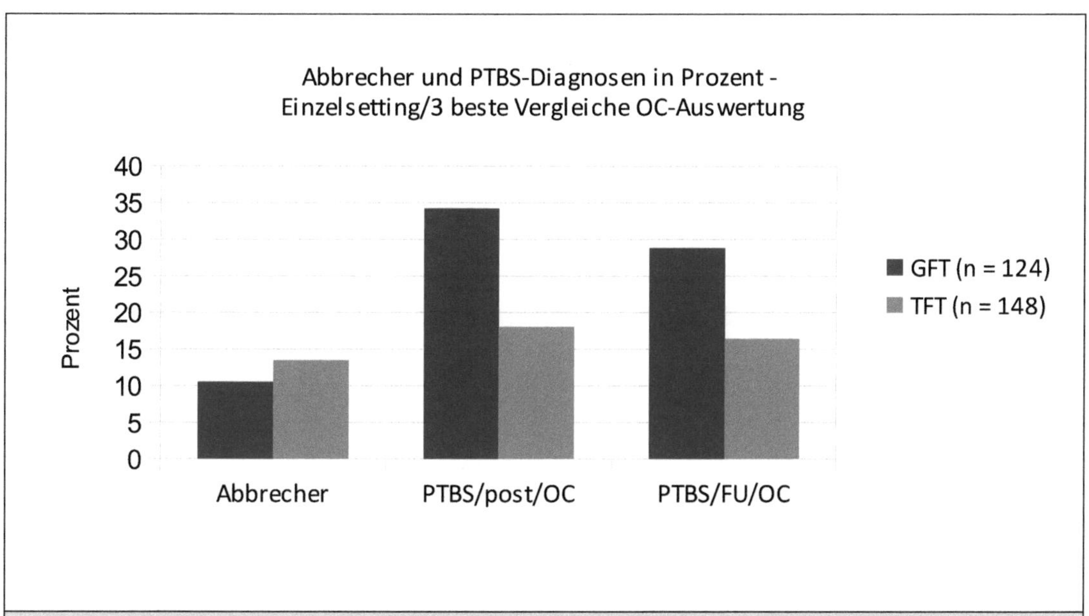

Abbildung 3b: Die nach Auswertung der 3 besten (QS 6) Vergleiche von GFT und TFT in Bezug auf PTBS-Diagnosehäufigkeiten bei OC-Auswertung.

3.3.4 Der Einfluss von Researcher-Allegiance und Untersuchungsqualität

Nach den Regressionsanalysen (A.2.1.4) ergaben sich signifikante Einflüsse durch

Q4 (Vergleichbarkeit von Ausgangswerten und prognostischen Variablen) auf
      - PTBS-Diagnosen/post/ITT,
      - PTBS-Diagnosen/FU/OC,
jeweils mit Vorzügen für TFT bei positiv beurteilter Vergleichbarkeit von Ausgangswerten
      und prognostischen Variablen,

Q7 (Blindbeurteilung von abhängigen Variablen) auf
      -PTBS-Symptome/Selbstbeurteilung/FU/ITT
mit Vorzügen für TFT bei Blindbeurteilung von abhängigen Variablen.

die festgestellte Allegiance auf
      - PTBS-Diagnosen/post/ITT,
      - PTBS-Symptome/Fremdbeurteilung/FU/ITT,
      - depressive Symptome/Selbstbeurteilung/post/ITT,
      - depressive Symptome/Selbstbeurteilung/post/ITT
mit Vorzügen jeweils im Sinne der Allegiance.

Signifikante Vorteile der TFT bestanden innerhalb der folgenden Subgruppen (A.2.1.5):

bei Vergleichbarkeit von Ausgangswerten und prognostischen Variablen (Q4) bezüglich
      - PTBS-Diagnosen/post/ITT (RR 1,37, N = 14, n = 854),
      - PTBS-Diagnosen/FU/ITT (RR 1,84, N = 11, n = 396),

bei Blindbeurteilung von abhängigen Variablen (Q7) auf
      - PTBS-Symptome/Selbstbeurteilung/FU/ITT (SMD +0,33, N = 8, n = 530)

bei Allegiance pro TFT hinsichtlich
      - PTBS-Diagnosen/post/ITT (RR 1,30, N = 8, n = 541),
      - depressive Symptome/Selbstbeurteilung/post/ITT (SMD +0,56, N = 4, n= 223).

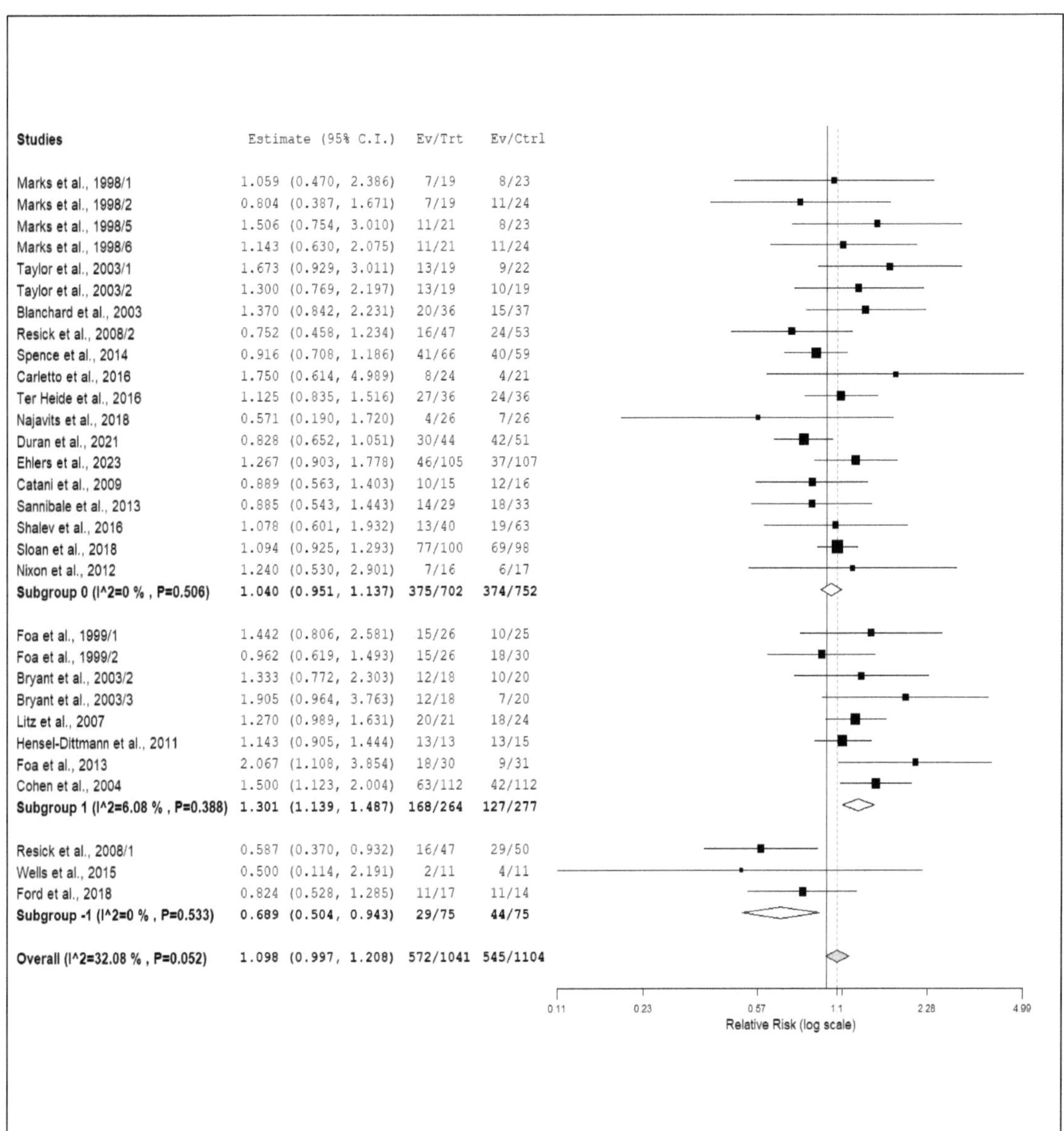

Abbildung 4: PTBS-Diagnosen/post/ITT nach Researcher-Allegiance (Subgroup 0: Allegiance neutral, Subgroup 1: Allegiance für TFT, Subgroup -1: Allegiance für GFT; relative Risiken GFT versus TFT.

Abbildung 4 zeigt die relativen Risiken für das Bestehen von PTBS-Diagnosen/post/ITT unter GFT im Vergleich zu TFT in Abhängigkeit von der festgestellten Researcher-Allegiance. Deutlich sind hier auch die mit entsprechender Allegiance bestehenden Abweichungen zugunsten der GFT auszumachen, die wegen der geringeren Fallzahlen aber keine statistische Signifikanz erreichen.

Die so weit vorliegenden Ergebnisse würden auch eine Prüfung der vielfältigen möglichen Interaktionen zwischen Subgruppen, methodischen Kriterien und Allegiance nahelegen. Da die Zellen der Variablenkombinationen zum Teil aber mit sehr geringen Häufigkeiten belegt wären, wurde auf diese Möglichkeit verzichtet, weil erhebliche Unsicherheiten zu erwarten wären.

3.4 Diskussion, Schlussfolgerungen

Es überrascht ein wenig, dass hinsichtlich der Behandlung von Traumafolgestörungen nur wenige direkte Vergleiche der im deutschen Sprachraum so weit verbreiteten Methoden der Psychoanalyse und der klientenzentrierten Gesprächspsychotherapie mit anderen Behandlungen aufzufinden sind. Als einzig ausreichend aussagefähige Vergleiche einer psychoanalytischen Behandlung mit bona fide durchgeführten Alternativen müssen jene von Brom et al. (1989) gelten, welche keine signifikanten Unterschiede zu einer hypnotherapeutischen und einer Expositionsbehandlung ergeben haben. Arbeiten von Gilboa-Schechtmann et al. (2010) und Nacasch et al. (2011), welche Nachteile von analytisch orientierten Behandlungen gegenüber Expositionsverfahren gezeigt haben (Klingler, 2023a), sind in der Auswertung hier nicht mehr berücksichtigt worden, da bei ihnen Zweifel hinsichtlich ihrer Bona-Fide-Qualität angemessen erscheinen.

Hinsichtlich der klientenzentrierten Gesprächspsychotherapie werden durch mehrere Studien Nachteile gegenüber verhaltenstherapeutischen Expositionsverfahren belegt. Gegen Ergebnisse von Cohen et al. (2004), Foa et al. (2013) und Brown et al. (2020) muss allerdings eingewendet werden, dass eine Allegiance der Studienautoren mit den KVT-Methoden angenommen werden muss. Bleiben jene nach Cottraux et al. (2008) mit Vorteilen für die traumafokussierte KVT, welche das geforderte Signifikanzniveau allerdings lediglich mit den deutlich geringeren Abbrecherzahlen erreichen.

Für hypnotherapeutische Interventionen besteht immerhin ein signifikanter Vorteil gegenüber dem Schlafmittel Zolpidem (Abramowitz et al., 2008), während andere Vergleiche gegenüber einer tiefenpsychologisch-psychoanalytischen Behandlung und einem Expositionsverfahren (Brom et al., 1989) und die zusätzliche Verwendung von Hypnose mit einem Expositionsverfahren (Bryant et al., 2006) keinerlei Vorteile ergaben.

Keine direkten Vergleiche mit anderen Behandlungsverfahren sind von den im deutschen Sprachraum so häufig propagierten und in Weiterbildungen vermarkteten hypno-systemischen und psychodynamisch-imaginativen Methoden bekannt. Vielleicht fehlt an solcher Forschung tatsächlich das Interesse, vielleicht aber wandern unerwünschte Ergebnisse auch einfach in den File-Drawer, es fehlt damit aber jeglicher Nachweis, dass diese Methoden anderen Methoden gegenüber zumindest gleichwertig sein könnten oder gar, dass sie irgendwelche Wirksamkeitsvorteile aufweisen könnten.

Anders die Situation bei den verhaltenstherapeutischen Verfahren und dem EMDR. Die mit Abstand am häufigsten durchgeführten randomisierten Vergleichsstudien zu Traumafolgestörungen wurden zu verhaltenstherapeutischen Methoden durchgeführt, gefolgt von Studien zum EMDR. Damit müssen diese Methoden auch als die bislang bestgeprüften Psychotherapieverfahren eingestuft werden. Hier gibt es auch, wie von Revenstorf gefordert, schulenübergreifende multizentrische Forscherteams, so beispielsweise in Bohus et al. (2020) mit Kathlen Priebe als Vertreterin der dialektischen Verhaltenstherapie und Patricia Resick als Vertreterin der kognitiven Therapie und in Schnurr et al. (2022) wieder mit Resick für die kognitive Therapie und Edna Foa für prolongierte Exposition. Und anders als von Revenstorf behauptet, wurde die Mehrzahl der hier vorliegenden Studien mit Personen durchgeführt, welche überwiegend Komorbiditäten aufwiesen - anders hätte man bei Traumafolgestörungen mit der bei diesen so häufigen Begleitdiagnosen wohl erhebliche Schwierigkeiten, ausreichende Patientenzahlen zu erreichen. Aber trotz der nun allgemein recht groß erscheinenden Anzahl von Studien besteht weiterhin das Problem, dass die Anzahl methodisch hochwertiger Vergleiche für die Beantwortung von vielen Fragestellungen zu gering ist. So bleiben als Ergebnisse nach den besten Vergleichen, also dann, wenn zumindest drei Vergleiche ohne erkennbare Researcher-Allegiance gefordert werden (3+), lediglich eine Unterlegenheit des EMDR gegenüber einer Expositionsbehandlung mit Exposition in sensu und in vivo nach Ergebnissen von Taylor et al. (2003), Rothbaum et al. (2005) und de Bont et al. (2016) einerseits und

eine Überlegenheit des EMDR gegenüber einer gemischten beziehungsweise erweiterten Expositionsbehandlung mit Exposition in sensu und in vivo nach den Ergebnissen von Lee et al. (2002), Power et al. (2002) und Capezzani et al. (2013) andererseits.

Diese scheinbar widersprüchlichen Ergebnisse könnten insofern verständlich werden, als dass ein Übermaß an Behandlungsinhalten zu einer Überforderung der Betroffenen und damit zu ungünstigeren Behandlungseffekten führen kann. Die Gegensätze lösen sich allerdings auf, wenn die beiden Varianten einer Expositionsbehandlung zu einer gemeinsamen Kategorie zusammengefasst werden, nämlich zu Behandlungen mit Exposition in sensu und in vivo. Hier blieben nach dem Modell der besten Vergleiche nur mehr die Vorteile einer Exposition in sensu und in vivo ohne größere Zusatzmaßnahmen, weil die Studien mit erweiterter Expositionsbehandlung und Nachteilen gegenüber dem EMDR wegen einer geringeren Qualität nicht mehr zu berücksichtigen wären.

Eine Überlegenheit der Expositionsbehandlung muss damit als das einzige Ergebnis der Vergleiche zwischen spezifischen Behandlungsmethoden stehen bleiben, andere müssen angesichts des Mangels an hochwertigen Studien als zu wenig verlässlich angesehen werden.

Nicht nur um weitergehende Auswertungen zu ermöglichen, wurde dann von Behandlungsdetails abgesehen und zusammenfassende Vergleiche zwischen gegenwartsfokussierten (GFT) und traumafokussierten Ansätzen (TFT) durchgeführt. Dieser Vergleich scheint außerdem insofern von besonderem Interesse, als dass die Frage der Anwendung traumafokussierter Methoden in der Praxis gelegentlich skeptisch beurteilt wird, das oft mit Hinweisen auf ein Risiko von Retraumatisierungen und Behandlungsabbrüchen. Die hier gewonnenen Ergebnisse aus den methodisch höchstwertigen Untersuchungen sprechen allerdings deutlich für eine Anwendung von traumafokussierten Methoden.

In den allgemeinen GFT-TFT-Vergleichen waren alle signifikanten (p<0,01) Unterschiede zugunsten der TFT. Bei Einschränkung der Auswertung auf die jeweils drei oder mehr methodisch am besten zu bewertenden Vergleiche („bestbewertete Vergleiche 3+") ergaben sich für GFT im Vergleich zu den TFT relative Risiken von 0,72 für einen Behandlungsabbruch und 1,15 bis 2,00 für das Weiterbestehen einer PTBS-Diagnose sowie standardisierte Mittelwertdifferenzen von 0,03 bis 0,35 für PTBS-Symptome und von 0,20 bis 0,24 für depressive Symptome. Dies unter Einbeziehung von Behandlungen im Gruppensetting (Salloum et al., 2012; Sloan et al., 2018), mit deren Ausschluss sich die Bilanz für die TFT vor allem für OC-Daten nochmals verbessert. Hier liegen für jene Betroffenen, welche eine angebotene Behandlung auch zu Ende geführt haben („observed cases"), die relativen Risiken für eine PTBS-Diagnose nach der Behandlung nach den methodisch am besten zu bewertenden Vergleichen von Taylor et al. (2003) und Ehlers et al. (2023) bei 2,09 (post) beziehungsweise 1,94 (FU) für GFT im Vergleich zu TFT. Hinsichtlich der Daten von Ehlers et al. (2023), welche mit einem erheblichen Gewicht in diese Ergebnisse eingegangen sind, ließe sich einwenden, dass hier eine Allegiance der Erstautorin Anke Ehlers, vorliegen könnte, die eine bekannte Proponentin der traumafokussierten kognitiven Therapie ist. In der Arbeit wurden allerdings auch drei Koautoren, nämlich GA (Gerhard Anderson), HM (Hannah Murray) und AR (Alexander Rozental) als Experten der alternativen gegenwartsfokussierten Stressbewältigung ausgewiesen, sodass die Annahme einer einseitigen Allegiance nur schwer zu rechtfertigen wäre.

Dass so deutliche Unterschiede, wie sie für die „observed cases" bestehen, durch Mittelung zahlreicher Effektstärken unterschiedlicher Relevanz zum Verschwinden gebracht werden, so wie das etwa von Wampold et al. (1997) praktiziert wurde, scheint wenig sinnvoll, ja vielleicht sogar schädlich. Denn damit könnte die sehr gute Chance verschleiert werden, welche mit einer konsequenten Nutzung einer zwar belastenden, aber auch aussichtsreichen Behandlung bestünde.

Die beim allgemeinen Vergleich der gegenwarts- und traumafokussierten Methoden verfügbare Datenmenge eröffnete die Möglichkeit, die Einflüsse von Subgruppen, Methodenkriterien und Researcher-Allegiance eingehender zu untersuchen. Wie nach den Ergebnissen der bisher vorliegenden Metaanalysen (vergleiche Klingler 2023a) zu erwarten, zeigen sich sehr ähnliche Ergebnisse bei Erwachsenen und bei Kindern und Jugendlichen sowie bei einem Vollbild der PTBS und bei Symptomen einer PTBS, etwa auch einer unvollständigen PTBS oder ABS. Bei der Durchführung einer Behandlung im Gruppensetting liegen allerdings weniger günstige Ergebnisse vor, vor allem durch höhere Abbrecherzahlen bei TFT. Aber ein Gruppensetting wäre ja auch nach früheren Ergebnissen (Bisson et al., 2013; Watts et al., 2013) weniger zu empfehlen.

Nicht so deutlich wie erwartet zeigte sich der Einfluss der Methodenkriterien. Dieser ist auch nicht einfach interpretierbar. Dass sich bei einer geprüften Vergleichbarkeit von Ausgangswerten und prognostischen Variablen und bei einer Blindbeurteilung von abhängigen Variablen günstigere Werte für die TFT ergeben, scheint aus den Daten kaum erklärbar. Auf eine Prüfung des Verdachts, dass bei einer Allegiance für verhaltenstherapeutische Behandlungsmethoden eine größere Sorgfalt bezüglich Forschungsmethoden vorliegen könnte, wurde wegen der geringen Anzahl entsprechender Vergleiche verzichtet. Dass von methodisch sorgfältiger geplanten und durchgeführten Arbeiten verlässlichere und gültigere Ergebnisse zu erwarten wären, darf aber auch ohne eindeutige Belege durch die Daten angenommen werden.

Deutlicher als der Einfluss der geprüften Methodenkriterien war jener der Researcher-Allegiance. Obwohl diese sehr einfach durch eine Autorenschaft für ein Lehrbuch oder ein Manual für eine der verglichenen Behandlungen definiert war, zeigte sich ein überraschend starker Einfluss, so etwa hinsichtlich der PTBS-Diagnosen (post/ITT). Bei diesen betrug das relative Risiko für GFT im Vergleich zu TFT nur 0,69 bei Allegiance für GFT (3 Vergleiche, 150 Personen), aber 1,30 bei Allegiance für TFT (8 Vergleiche, 541 Personen). Für die Therapieforschung wäre damit dringend zu empfehlen, die Allegiance der Forscher noch stärker zu berücksichtigen und Vergleichsstudien durch neutrale Teams oder - wahrscheinlich noch besser - mit Vertretern von beiden Behandlungsmethoden durchzuführen, in Übereinstimmung mit einer schon von Revenstorf (2005) erhobenen Forderung.

Für den Gewinn möglichst gültiger und verlässlicher Ergebnisse wurde hier wieder ein „Modell der besten Vergleiche" verwendet, bei dem methodisch schlechter zu bewertende Studien und jetzt auch solche mit erkennbarer Researcher-Allegiance ausgeschlossen werden. Dieses Auswertungsmodell scheint nach wie vor gegenüber Regressionsmodellen, bei denen versucht wird, unerwünschte Einflüsse und Mängel herauszupartialisieren, also statistisch auszugleichen, zu bevorzugen, weil mit einer Einbeziehung methodisch minderwertigerer Studien schwer kontrollierte Einflüsse wirksam werden können und die Ergebnisse von Regressionsanalysen stark von den gewählten Methoden abhängen.

Nach dem hier realisierten Auswertungsmodell zeigen sich ähnliche Ergebnisse wie bei der überwiegenden Mehrheit der vorhandenen Reviews und Metaanalysen, nämlich eine Überlegenheit der traumafokussierten Methoden. Diese scheint hinsichtlich ihres Ausmaßes zwar nicht überwältigend, aber eindeutig ausreichend für entsprechende Behandlungsempfehlungen.

3.5 Zusammenfassung

Gültige und verlässliche Aussagen über Wirksamkeitsunterschiede lassen sich nur aus direkten randomisierten Behandlungsvergleichen ableiten, und das auch nur dann, wenn beide Behandlungen bona fide durchgeführt wurden, also mit gutem Glauben an deren Wirksamkeit. Auf Grundlage einer Pubmed-Recherche mit den Stichwörtern „traumatic", „stress", „disorder", „psychotherapy" und dem Kriterium „randomized trial" mit insgesamt 1823 Treffern mit bis Ende 2024 dokumentierten Publikationen konnten insgesamt 123 Studien mit 149 Behandlungsvergleichen aufgefunden werden, bei denen bei Traumafolgestörungen psychotherapeutische Behandlungen verglichen wurden, deren Durchführung bona fide, also im guten Glauben an deren Wirksamkeit, anzunehmen war. Bei einer Durchführung der Behandlungen im Einzelsetting zeigen diese Vergleiche eindeutige Vorteile von traumafokussierten gegenüber gegenwartsfokussierten Methoden. Nachteile der traumafokussierten Methoden konnten lediglich in Form erhöhter Abbrecherzahlen im Gruppensetting festgestellt werden, für welches allerdings allgemein weniger günstige Befunde vorliegen.

Ein starker Einfluss auf die Ergebnisse geht von der Researcher-Allegiance aus, der Verbundenheit der Autorinnen und Autoren mit einer der verglichenen Behandlungsmethoden. Vorteile der traumafokussierten Methoden zeigen sich allerdings auch bei einer Einschränkung der Auswertung auf jene Arbeiten, die in methodischer Hinsicht am besten zu beurteilen sind und bei denen kein Verdacht auf einen Allegiance-Bias besteht, also bei einer Auswertung nach einem „Modell der besten Vergleiche". Vor allem bei einer „observed cases" Auswertung, also bei jenen Personen, welche die Behandlung auch abgeschlossen haben, bestehen hier deutliche Vorzüge der traumafokussierten Behandlungen. So müssen auch nach den neuesten und methodisch höchstwertigen Studien in Übereinstimmung mit bisherigen Forschungsergebnissen und mit zahlreichen maßgeblichen Fachgesellschaften für Traumafolgestörungen die traumafokussierten Behandlungsmethoden mit einer Durchführung im Einzelsetting als Methoden der Wahl empfohlen werden. Für die Weiterentwicklung der Psychotherapie und differenziertere Ergebnisse besteht aber weiter großer Bedarf an methodisch anspruchsvollen randomisierten Vergleichsstudien mit einer möglichst wirkungsvollen Vermeidung von Allegiance-Einflüssen.

Literatur

Abramowitz, E. G., Barak, Y., Ben-Avi, I., & Knobler, H. Y. (2008). Hypnotherapy in the treatment of chronic combat-related PTSD patients suffering from insomnia: a randomized, zolpidem-controlled clinical trial. *The International journal of clinical and experimental hypnosis*, *56*(3), 270–280. https://doi.org/10.1080/00207140802039672.

Ahmadi, K., Hazrati, M., Ahmadizadeh, M., & Noohi, S. (2015). REM desensitization as a new therapeutic method for post-traumatic stress disorder: a randomized controlled trial. *Acta medica Indonesiana, 47*(2), 111–119.

Ahmadi, N., Chaudhry, S., Salam, T., Rodriguez, J., Kase, M., Olango, G., Molla, M., McCracken, J. & Pynoos, R. (2020). A Randomized Controlled Feasibility Trial of Reminder-Focused Positive Psychiatry in Adolescents With Comorbid Attention-Deficit/Hyperactivity Disorder and Posttraumatic Stress Disorder. *The Primary Care Companion for CNS Disorders*, *22*(5), 19m02579. https://doi.org/10.4088/PCC.19m02579.

American Psychiatric Association (1952). *Diagnostic and statistical manual of mental disorders.* Washington, DC: American Psychiatric Association.

American Psychiatric Association (1968). *Diagnostic and statistical manual of mental disorders (2nd ed.).* Washington, DC: American Psychiatric Association.

American Psychiatric Association (1980). *Diagnostic and statistical manual of mental disorders (3rd ed.).* Washington, DC: American Psychiatric Association.

American Psychiatric Association (1994). *Diagnostic and statistical manual of mental disorders (4th ed.).* Washington, DC: American Psychiatric Association.

American Psychiatric Association (2013). *Diagnostic and statistical manual of mental disorders (5th ed.).* Arlington, VA: American Psychiatric Association.

American Psychiatric Association (2022). *Diagnostic and statistical manual of mental disorders: DSM-5-TR.* Washington, DC: American Psychiatric Association.

Angelakis, S., Weber, N., & Nixon, R. D. V. (2020). Comorbid posttraumatic stress disorder and major depressive disorder: The usefulness of a sequential treatment approach within a randomised design. *Journal of anxiety disorders*, *76*, 102324. https://doi.org/10.1016/j.janxdis.2020.102324.

Arnow, B. A., Taylor, C. B., Agras, W. S. & Telch, M. J. (1985). Enhancing agoraphobia treatment outcomes by changing couple communication patterns. *Behavior therapy,16*, 452-467.

Bayley, P. J., Schulz-Heik, R. J., Tang, J. S., Mathersul, D. C., Avery, T., Wong, M., Zeitzer, J. M., Rosen, C. S., Burn, A. S., Hernandez, B., Lazzeroni, L. C., & Seppälä, E. M. (2022). Randomised clinical non-inferiority trial of breathing-based meditation and cognitive processing therapy for symptoms of post-traumatic stress disorder in military veterans. *BMJ open*, *12* (8), e056609. https://doi.org/10.1136/bmjopen-2021-056609.

Benson, H. & McCallie, D.P. (1979). Angina pectoris and the placebo effect. *The New England journal of medicine, 300,* 1424–1429.

Berger, W., Coutinho, E., Figueira, I., Marques-Portella, C., Luz, M. P., Neylan, T. C., Marmar, C. R. & Mendlowicz, M. V. (2012). Rescuers at risk: a systematic review and meta-regression analysis of the worldwide current prevalence and correlates of PTSD in rescue workers. *Social psychiatry and psychiatric epidemiology, 47,* 1001–1011.

Berman, J. S., Miller, C. R. & Massman, P. J. (1985). Cognitive Therapy versus systematic desensitization:Is one treatment superior? *Psychological bulletin, 97,* 451-461.

Biesold, H. K. & Barre, K. (2013). Militär. In A. Maercker (Hrsg.), *Posttraumatische Belastungsstörungen, 4. Auflage*, S. 487-508. Berlin: Springer.

Birnbaum, K. (1915). Kriegsneurosen und -psychosen auf Grund der gegenwärtigen Kriegsbeobachtungen. Erste Zusammenstellung von Kriegsbeginn bis Mitte März 1915. *Zeitschrift für die gesamte Neurologie und Psychiatrie, Referate XI*, 322-368.

Birnbaum, K. (1917). Kriegsneurosen und -psychosen auf Grund der gegenwärtigen Kriegsbeobachtungen. Sechste Zusammenstellung von April bis Ende 2017. *Zeitschrift für die gesamte Neurologie und Psychiatrie, Referate XVI*, 1-78.

Bisson, J. I., Roberts, N. P., Andrew, M., Cooper, R. & Lewis, C. (2013). Psychological therapies for chronic post-traumatic stress disorder (PTSD) in adults. *Cochrane database for systematic reviews, issue 12.* Art. No.: CD003388. DOI: 10.1002/14651858.CD003388.pub4.

Blanchard, E. B., Hickling, E. J., Devineni, T., Veazey, C. H., Galovski, T. E., Mundy, E., Malta, L. S., & Buckley, T. C. (2003). A controlled evaluation of cognitive behavioural therapy for posttraumatic stress in motor vehicle accident survivors. *Behaviour research and therapy, 41*(1), 79–96. https://doi.org/10.1016/s0005-7967(01)00131-0.

Blanchard, E. B., Hickling, E. J., Malta, L. S., Freidenberg, B. M., Canna, M. A., Kuhn, E., Sykes, M. A., & Galovski, T. E. (2004). One- and two-year prospective follow-up of cognitive behavior therapy or supportive psychotherapy. *Behaviour research and therapy, 42*(7), 745–759. https://doi.org/10.1016/S0005-7967(03)00201-8.

Boelen, P. A., Lenferink, L. I. M., & Spuij, M. (2021). CBT for Prolonged Grief in Children and Adolescents: A Randomized Clinical Trial. *The American journal of psychiatry, 178*(4), 294–304. https://doi.org/10.1176/appi.ajp.2020.20050548.

Bohus, M., Kleindienst, N., Hahn, C., Müller-Engelmann, M., Ludäscher, P., Steil, R., Fydrich, T., Kuehner, C., Resick, P. A., Stiglmayr, C., Schmahl, C. & Priebe, K. (2020). Dialectical Behavior Therapy for Posttraumatic Stress Disorder (DBT-PTSD) Compared With Cognitive Processing Therapy (CPT) in Complex Presentations of PTSD in Women Survivors of Childhood Abuse: A Randomized Clinical Trial. *JAMA psychiatry, 77*(12), 1235–1245. https://doi.org/10.1001/jamapsychiatry.2020.2148.

Bolton, P., Bass, J. K., Zangana, G. A., Kamal, T., Murray, S. M., Kaysen, D., Lejuez, C. W., Lindgren, K., Pagoto, S., Murray, L. K., Van Wyk, S. S., Ahmed, A. M., Amin, N. M., & Rosenblum, M. (2014). A randomized controlled trial of mental health interventions for survivors of systematic violence in Kurdistan, Northern Iraq. *BMC psychiatry, 14*, 360. https://doi.org/10.1186/s12888-014-0360-2.

Borkovec, T. D. & Nau, S. D. (1972). Credibility of analogue therapy rationales. *Journal of behavior therapy and experimental psychiatry, 3,* 257–260. http://dx.doi.org/10.1016/0005-7916(72)90045-6.

Bormann, J. E., Thorp, S. R., Smith, E., Glickman, M., Beck, D., Plumb, D., Zhao, S., Ackland, P. E., Rodgers, C. S., Heppner, P., Herz, L. R., & Elwy, A. R. (2018). Individual Treatment of Posttraumatic Stress Disorder Using Mantram Repetition: A Randomized Clinical Trial. The *American journal of psychiatry, 175*(10), 979–988. https://doi.org/10.1176/appi.ajp.2018.17060611.

Boudewyns, P. A., Stwertka, S. A., Hyer, L. A., Albrecht, J. W. & Sperr, E.V. (1993). Eye movement desensitization for PTSD of combat: A treatment outcome pilot study. *The Behavior therapist, 16*, 29-33.

Boutron, I., Page, M. J., Higgins, J. P. T., Altman, D. G., Lundh, A. & Hróbjartsson, A. (2020). Considering bias and conflicts of interest among the included studies. In J. P. T. Higgins et al. (Hrsg.), *Cochrane Handbook for Systematic Reviews of Interventions, Chapter 7, Version 6.1.* https://training.cochrane.org/handbook/current/chapter-07.

Brill, N. Q. & Beebe, G. W. (1955). *A follow-up study of war neuroses.* Veterans Administration Medical Monographs. Washington: Veterans Administration.

Brom, D., Kleber, R. J. & Defares, P. B. (1989). Brief psychotherapy for posttraumatic stress disorders. *Journal of Consulting and Clinical Psychology 57* (5), 607–612. https://doi.org/10.1037//0022-006x.57.5.607.

Brown, L. A., Belli, G., Suzuki, N., Capaldi, S., & Foa, E. B. (2020). Reduction in Suicidal Ideation from Prolonged Exposure Therapy for Adolescents. *Journal of clinical child and adolescent psychology : the official journal for the Society of Clinical Child and Adolescent Psychology, American Psychological Association, Division 53, 49*(5), 651–659. https://doi.org/10.1080/15374416.2019.1614003.

Brown, L. A., Davies, C. D., Gerlach, A., Cooper, R., Stevens, S., & Craske, M. G. (2018). Linguistic processing and Script-Driven Imagery for trauma exposure: A proof of concept pilot trial. *Journal of anxiety disorders, 57*, 16–23. https://doi.org/10.1016/j.janxdis.2018.05.010.

Brunner, J. (2000). Will, desire and experience: Etiology and ideology in the German and Austrian medical discourse on war neuroses, 1914-1922. *Transcultural psychiatry 37*, 295-320.

Bryant, R. A., Harvey, A. G., Dang, S. T., Sackville, T., & Basten, C. (1998). Treatment of acute stress disorder: a comparison of cognitive-behavioral therapy and supportive counseling. *Journal of consulting and clinical psychology, 66*(5), 862–866. https://doi.org/10.1037//0022-006x.66.5.862.

Bryant, R. A., Kenny, L., Joscelyne, A., Rawson, N., Maccallum, F., Cahill, C., Hopwood, S., Aderka, I., & Nickerson, A. (2014). Treating prolonged grief disorder: a randomized clinical trial. *JAMA psychiatry, 71*(12), 1332–1339. https://doi.org/10.1001/jamapsychiatry.2014.1600

Bryant, R. A., Mastrodomenico, J., Felmingham, K. L., Hopwood, S., Kenny, L., Kandris, E., Creamer, M. (2008). Treatment of acute stress disorder: A randomized controlled trial. *Archives of general psychiatry, 65*, 659–667.

Bryant, R. A., Mastrodomenico, J., Hopwood, S., Kenny, L., Cahill, C., Kandris, E., & Taylor, K. (2013). Augmenting cognitive behaviour therapy for post-traumatic stress disorder with emotion tolerance training: a randomized controlled trial. *Psychological medicine, 43*(10), 2153–2160. https://doi.org/10.1017/S0033291713000068.

Bryant, R. A., Moulds, M. L., Guthrie, R. M., Dang, S. T., & Nixon, R. D. (2003). Imaginal exposure alone and imaginal exposure with cognitive restructuring in treatment of posttraumatic stress disorder. *Journal of consulting and clinical psychology, 71*(4), 706–712. https://doi.org/10.1037/0022-006x.71.4.706.

Bryant, R. A., Moulds, M. L., Guthrie, R. M., & Nixon, R. D. V. (2005). The additive benefit of hypnosis and cognitive-behavioral therapy in treating acute stress disorder. *Journal of consulting and clinical psychology, 73*(2), 334–340. https://doi.org/10.1037/0022-006X.73.2.334.

Bryant, R. A., Moulds, M. L., Nixon, R. D., Mastrodomenico, J., Felmingham, K., & Hopwood, S. (2006). Hypnotherapy and cognitive behaviour therapy of acute stress disorder: a 3-year follow-up. *Behaviour research and therapy, 44*(9), 1331–1335. https://doi.org/10.1016/j.brat.2005.04.007.

Bryant, R. A., Sackville, T., Dang, S. T., Moulds, M., & Guthrie, R. (1999). Treating acute stress disorder: an evaluation of cognitive behavior therapy and supportive counseling techniques. *The American journal of psychiatry, 156*(11), 1780–1786. https://doi.org/10.1176/ajp.156.11.1780.

Buhmann, C. B., Nordentoft, M., Ekstroem, M., Carlsson, J., & Mortensen, E. L. (2016). The effect of flexible cognitive-behavioural therapy and medical treatment, including antidepressants on post-traumatic stress disorder and depression in traumatised refugees: pragmatic randomised controlled clinical trial. *The British journal of psychiatry : the journal of mental science, 208*(3), 252–259. https://doi.org/10.1192/bjp.bp.114.150961.

Bundesinstitut für Arzneimittel und Medizinprodukte (2024a). *ICD-10-GM, Version 2024.* https://klassifikationen.bfarm.de/icd-10-gm/kode-suche/htmlgm2024/index.htm.

Bundesinstitut für Arzneimittel und Medizinprodukte (2024b). *ICD-11, Version 2024.* https://www.bfarm.de/DE/Kodiersysteme/Klassifikationen/ICD/ICD-11/uebersetzung/_node.html.

Burgess, A. W. & Holmstrom (1974). Rape trauma syndrome. *American journal of psychiatry, 131* (9), 981-986.

Canadian Task Force on the Periodic Health Examination (1979). Task Force Report: The periodic health examination. *Canadian medical association journal, 121* (9), 1193–1254.

Capezzani, L., Ostacoli, L., Cavallo, M., Carletto, S., Fernandez, I., Solomon, R., Pagani, M. & Cantelmi, T. (2014). EMDR and CBT for Cancer Patients: Comparative Study of Effects on PTSD, Anxiety, and Depression. *Journal of EMDR practice and research, 7*(3), 134-143.

Carletto, S., Borghi, M., Bertino, G., Oliva, F., Cavallo, M., Hofmann, A., Zennaro, A., Malucchi, S., & Ostacoli, L. (2016). Treating Post-traumatic Stress Disorder in Patients with Multiple Sclerosis: A Randomized Controlled Trial Comparing the Efficacy of Eye Movement Desensitization and Reprocessing and Relaxation Therapy. *Frontiers in psychology, 7*, 526. https://doi.org/10.3389/fpsyg.2016.00526.

Carlsson, J., Sonne, C., Vindbjerg, E., & Mortensen, E. L. (2018). Stress management versus cognitive restructuring in trauma-affected refugees-A pragmatic randomised study. *Psychiatry research, 266*, 116–123. https://doi.org/10.1016/j.psychres.2018.05.015.

Carroll, L. (1869). *Alice's Abenteuer im Wunderland.* Übersetzt von Antonie Zimmermann. London: Macmillan und Comp. https://de.wikisource.org/wiki/Alice_im_Wunderland.

Catani, C., Kohiladevy, M., Ruf, M., Schauer, E., Elbert, T., & Neuner, F. (2009). Treating children traumatized by war and Tsunami: a comparison between exposure therapy and meditation-relaxation in North-East Sri Lanka. *BMC psychiatry, 9*, 22. https://doi.org/10.1186/1471-244X-9-22.

Chalmers, I., Dickersin, K., & Chalmers, T. C. (1992). Getting to grips with Archie Cochrane's agenda. *BMJ (Clinical research ed.), 305*(6857), 786–788. https://doi.org/10.1136/bmj.305.6857.786.

Charcot, J.-M. (1887). *Leçons sur les maladies du système nerveux faites à la Salpêtrière,* Paris, Band 3, 16, 288 (nach Fischer-Homberger, 1971a).

Church, D., Stapleton, P., Mollon, P., Feinstein, D., Boath, E., Mackay, D. & Sims, R. (2018). Guidelines for the Treatment of PTSD Using Clinical EFT (Emotional Freedom Techniques). *Healthcare (Basel, Switzerland), 6*(4), 146. https://doi.org/10.3390/healthcare6040146.

Church, D., Stapleton, P. & Sabot, D. (2020). App-Based Delivery of Clinical Emotional Freedom Techniques: Cross-Sectional Study of App User Self-Ratings. *Journal of medical internet research mHealth and uHealth, 8*(10), e18545. https://doi.org/10.2196/18545.

Church, D., Stapleton, P., Yang, A. & Gallo, F. (2018). Is Tapping on Acupuncture Points an Active Ingredient in Emotional Freedom Techniques? A Systematic Review and Meta-analysis of Comparative Studies. *The journal of nervous and mental disease, 206*(10), 783–793. https://doi.org/10.1097/NMD.0000000000000878.

Cochrane, A. L. (1972). *Effectiveness and Efficiency: Random reflections of health services.* The Nuffield Provincial Hospitals Trust. https://www.nuffieldtrust.org.uk/files/2017-01/effectiveness-and-efficiency-web-final.pdf.

Cochrane, A. L. (1984). Sickness in Salonica: my first, worst and most successful clinical trial. *British medical journal, 289*, 1726-1727.

Coffey, S. F., Stasiewicz, P. R., Hughes, P. M., & Brimo, M. L. (2006). Trauma-focused imaginal exposure for individuals with comorbid posttraumatic stress disorder and alcohol dependence: revealing mechanisms of alcohol craving in a cue reactivity paradigm. *Psychology of addictive behaviors: journal of the Society of Psychologists in addictive behaviors, 20*(4), 425–435. https://doi.org/10.1037/0893-164X.20.4.425.

Cohen, J. A., Deblinger, E., Mannarino, A. P., & Steer, R. A. (2004). A multisite, randomized controlled trial for children with sexual abuse-related PTSD symptoms. *Journal of the American Academy of Child and Adolescent Psychiatry, 43*(4), 393–402. https://doi.org/10.1097/00004583-200404000-00005.

Cohen, J. A., Mannarino, A. P., & Knudsen, K. (2005). Treating sexually abused children: 1 year follow-up of a randomized controlled trial. *Child abuse & neglect, 29*(2), 135–145. https://doi.org/10.1016/j.chiabu.2004.12.005.

Cook, J. M., Harb, G. C., Gehrman, P. R., Cary, M. S., Gamble, G. M., Forbes, D. & Ross, R. J. (2010). Imagery rehearsal for posttraumatic nightmares: a randomized controlled trial. *Journal of traumatic stress, 23* (5), 553–563. https://doi.org/10.1002/jts.20569.

Cooper. J. E., Gelder, M. G. & Marks, I. M. (1965). Results of Behaviour Therapy in 77 Psychiatric Patients. *British medical journal, 1,* 1222--1225. https://www.ncbi.nlm.nih.gov/pmc/articles/PMC2166587/pdf/brmedj02393-0044.pdf.

Cosgrove, L. & Krimsky, S. (2012) A Comparison of DSM-IV and DSM-5 Panel Members' Financial Associations with Industry: A Pernicious Problem Persists. *PLOS medicine 9* (3): e1001190. https://doi.org/10.1371/journal.pmed.1001190.

Cosgrove, L., Patterson, E. H., & Bursztajn, H. J. (2024). Industry influence on mental health research: depression as a case example. *Frontiers in medicine, 10,* 1320304. https://doi.org/10.3389/fmed.2023.1320304.

Cottraux, J. Note, I., Yao, S. N. de Mey-Guillard, C., Bonasse, F., Djamoussian, D., Mollard, E., Note, B. & Chen, Y. (2008). Randomized controlled comparison of cognitive behavior therapy with Rogerian supportive therapy in chronic post-traumatic stress disorder: A 2-year follow-up. *Psychotherapy and psychosomatics 77*(2), 101-110.

Craig, G. (2008). *EFT for PTSD.* Santa Rosa, California: Energy Psychology Press.

Crespo, M., & Arinero, M. (2010). Assessment of the efficacy of a psychological treatment for women victims of violence by their intimate male partner. *The Spanish journal of psychology, 13*(2), 849–863. https://doi.org/10.1017/s113874160000250x.

Crespo, M., Hernández-Lloreda, M. J., Hornillos, C., Miguel-Alvaro, A., Sánchez-Ferrer, S., & Antón, A. A. (2024). Evocation of positive memories as complement to trauma-focused cognitive-behavioural therapy for intimate partner violence against women. *European journal of psychotraumatology, 15*(1), 2419699. https://doi.org/10.1080/20008066.2024.2419699.

Cristea, I. A., Gentili, C., Pietrini, P. & Cuijpers, P. (2017). Sponsorship bias in the comparative efficacy of psychotherapy and pharmacotherapy for adult depression: meta-analysis. *The British Journal of psychiatry: the journal of mental science, 210*(1), 16–23. https://doi.org/10.1192/bjp.bp.115.179275.

Croq, M.-A. & Croq, L. (2000). From shell-shock and war neurosis to posttraumatic-stress disorder: A history of psychotraumatology. *Dialogues in clinical neuroscience, 2*(1), 47-55.

Cuijpers, P., Smit, F., Bohlmeijer, E., Hollon, S. D. & Andersson, G. (2010). Efficacy of cognitive-behavioural therapy and other psychological treatments for adult depression: Meta-analytic study of publication bias. *The British journal of psychiatry, 196*, 173–178. http://dx.doi.org/10.1192/bjp.bp.109.066001.

Cuijpers, P., Straten, A., Bohlmeijer, E., Hollon, S. D. & Andersson, G. (2009). The effects of psychotherapy for adult depression are overestimated: A meta-analysis of study quality and effect size. *Psychological medicine, 40,* 211-23. 10.1017/S0033291709006114.

Cullen, W. (1772). *Clinical Lectures, Feb-April,* 218-219. Edinburg. https://www.jameslindlibrary.org/cullen-w-1772/.

Cypel, Y., Schnurr, P. P., Schneiderman, A. I., Culpepper, W. J., Akhtar, F. Z., Morley, S. W., Fried, D. A., Ishii, E. K. & Davey, V. J. (2022). The mental health of Vietnam theater veterans - the lasting effects of the war: 2016-2017 Vietnam Era Health Retrospective Observational Study. *Journal of traumatic stress, 35*(2), 605–618. https://doi.org/10.1002/jts.22775.

Dai, W., Chen, L., Lai, Z., Li, Y., Wang, J. & Liu, A. (2016). The incidence of post-traumatic stress disorder among survivors after earthquakes:a systematic review and meta-analysis. *BMC psychiatry 16,* 188. https://doi.org/10.1186/s12888-016-0891-9.

Dawson, K., Joscelyne, A., Meijer, C., Steel, Z., Silove, D. & Bryant, R. A. (2018). A controlled trial of trauma-focused therapy versus problem-solving in Islamic children affected by civil conflict and disaster in Aceh, Indonesia. *The Australian and New Zealand journal of psychiatry, 52*(3), 253–261. https://doi.org/10.1177/0004867417714333.

Dawson, R. L., Nixon, R. D. V., Calear, A. L., Sivanathan, D., & O'Kearney, R. (2024). Efficacy of two brief trauma-focussed writing interventions in comparison to positive experiences writing: A randomized controlled trial. *Journal of affective disorders, 358,* 449–457. https://doi.org/10.1016/j.jad.2024.05.014.

Dean, M. E. (2003). 'An innocent deception': placebo controls in the St Petersburg homeopathy trial, 1829-30. *JLL Bulletin: Commentaries on the history of treatment evaluation.* https://www.jameslindlibrary.org/articles/an-innocent-deception-placebo-controls-in-the-st-petersburg-homeopathy-trial-1829-30/.

Deblinger, E., Mannarino, A. P., Cohen, J. A., & Steer, R. A. (2006). A follow-up study of a multisite, randomized, controlled trial for children with sexual abuse-related PTSD symptoms. *Journal of the American Academy of Child and Adolescent Psychiatry, 45*(12), 1474–1484. https://doi.org/10.1097/01.chi.0000240839.56114.bb

de Bont, P. A., van den Berg, D. P., van der Vleugel, B. M., de Roos, C., de Jongh, A., van der Gaag, M., & van Minnen, A. M. (2016). Prolonged exposure and EMDR for PTSD v. a PTSD waiting-list condition: effects on symptoms of psychosis, depression and social functioning in patients with chronic psychotic disorders. *Psychological medicine, 46*(11), 2411–2421. https://doi.org/10.1017/S0033291716001094.

de Roos, C., Greenwald, R., den Hollander-Gijsman, M., Noorthoorn, E., van Buuren, S. & de Jongh, A. (2011). A randomised comparison of cognitive behavioural therapy (CBT) and eye movement desensitisation and reprocessing (EMDR) in disaster-exposed children. *European journal of psychotraumatology*, *2*, 10.3402/ejpt.v2i0.5694. https://doi.org/10.3402/ejpt.v2i0.5694.

de Roos, C., van der Oord, S., Zijlstra, B., Lucassen, S., Perrin, S., Emmelkamp, P., & de Jongh, A. (2017). Comparison of eye movement desensitization and reprocessing therapy, cognitive behavioral writing therapy, and wait-list in pediatric posttraumatic stress disorder following single-incident trauma: a multicenter randomized clinical trial. *Journal of child psychology and psychiatry, and allied disciplines*, *58*(11), 1219–1228. https://doi.org/10.1111/jcpp.12768.

Devilly, G. J. & Spence, S. H. (1999). The relative efficacy and treatment distress of EMDR and a cognitive-behavior trauma treatment protocol in the amelioration of posttraumatic stress disorder. *Journal of anxiety disorders*, *13*(1-2), 131–157. https://doi.org/10.1016/s0887-6185(98)00044-9.

Diamond, P. R., Airdrie, J. N., Hiller, R., Fraser, A., Hiscox, L. V., Hamilton-Giachritsis, C., & Halligan, S. L. (2022). Change in prevalence of post-traumatic stress disorder in the two years following trauma: a meta-analytic study. *European journal of psychotraumatology, 13*(1), 2066456. https://doi.org/10.1080/20008198.2022.2066456.

Diehle, J., Opmeer, B. C., Boer, F., Mannarino, A. P., & Lindauer, R. J. (2015). Trauma-focused cognitive behavioral therapy or eye movement desensitization and reprocessing: what works in children with posttraumatic stress symptoms? A randomized controlled trial. *European child & adolescent psychiatry*, *24*(2), 227–236. https://doi.org/10.1007/s00787-014-0572-5.

Dörner, K. (2004). Posttraumatische Belastungsstörungen – Neues Fass im Gesundheitsmarkt. *Trauma und Berufskrankheiten, 6 (Supplement 3)*, S327–S328.

Donaldson I. M. (2016). van Helmont's proposal for a randomised comparison of treating fevers with or without bloodletting and purging. *The journal of the Royal College of Physicians of Edinburgh, 46*(3), 206–213. https://doi.org/10.4997/JRCPE.2016.313.

Dragioti, E., Dimoliatis, I., Fountoulakis, K. N. & Evangelou, E. (2015). A systematic appraisal of allegiance effect in randomized controlled trials of psychotherapy. *Annals of general psychiatry*, *14*, 25. https://doi.org/10.1186/s12991-015-0063-1.

Dubner, A. E. & Motta, R. W. (1999). Sexually and physically abused foster care children and posttraumatic stress disorder. *Journal of consulting and clinical psychology*, *67*(3), 367–373. https://doi.org/10.1037//0022-006x.67.3.367.

Duran, É. P., Corchs, F., Vianna, A., Araújo, Á. C., Del Real, N., Silva, C., Ferreira, A. P., De Vitto Francez, P., Godói, C., Silveira, H., Matsumoto, L., Gebara, C. M., de Barros Neto, T. P., Chilvarquer, R., de Siqueira, L. L., Bernik, M. & Neto, F. L. (2021). A randomized clinical trial to assess the efficacy of trial-based cognitive therapy compared to prolonged exposure for post-traumatic stress disorder: preliminary findings. *CNS spectrums, 26*(4), 427–434. https://doi.org/10.1017/S1092852920001455.

Dutcher, E. G., & Krystal, A. D. (2025). Treatment Expectancies and Psilocybin vs Escitalopram for Depression. *JAMA psychiatry, 82*(3), 321–322. https://doi.org/10.1001/jamapsychiatry.2024.4387.

Ehlers, A., Wild, J., Warnock-Parkes, E., Grey, N., Murray, H., Kerr, A., Rozental, A., Thew, G., Janecka, M., Beierl, E. T., Tsiachristas, A., Perera-Salazar, R., Andersson, G., & Clark, D. M. (2023). Therapist-assisted online psychological therapies differing in trauma focus for post-traumatic stress disorder (STOP-PTSD): a UK-based, single-blind, randomised controlled trial. *The lancet. Psychiatry, 10*(8), 608–622. https://doi.org/10.1016/S2215-0366(23)00181-5.

Eissler, K. R. (1963). Die Ermordung von wievielen seiner Kinder muss ein Mensch symptomfrei ertragen können, um eine normale Konstitution zu haben? *Psyche – Zeitschrift für Psychoanalyse, 17*(5), 241-291.

Eitinger, L. (1961). Pathology of the Concentration Camp Syndrome. *Archives of general psychiatry, 5*, 371-379.

Emmelkamp, P. M. G. & Wessels, H. (1975). Flooding in imagination vs flooding in vivo: A comparison with agoraphobics. *Behaviour research and therapy, 13*, 7-15.

Ewald, W. (1914). Traumatische Neurose und Rentenhysterie. In: *Soziale Medizin. Ein Lehrbuch für Ärzte, Studierende, Medizinal- und Verwaltungsbeamte, Sozialpolitiker, Behörden und Kommunen*, 360-375. Berlin: Springer.

Eysenck, H. J. (1952). The Effects of Psychotherapy: An Evaluation. *Journal of consulting psychology, 16*, 319-324.

Eysenck, H. J. (1994). Meta-analysis and its problems. *British medical journal, 309*, 789-792.

Feng, B., Zhang, Y., Luo, L. Y., Wu, J. Y., Yang, S. J., Zhang, N., Tan, Q. R., Wang, H. N., Ge, N., Ning, F., Zheng, Z. L., Zhu, R. M., Qian, M. C., Chen, Z. Y., & Zhang, Z. J. (2019). Transcutaneous electrical acupoint stimulation for post-traumatic stress disorder: Assessor-blinded, randomized controlled study. Psychiatry and clinical neurosciences, 73(4), 179–186. https://doi.org/10.1111/pcn.12810.

Fenton, M. (1929). A post-war study of a typical group of war neuroses cases 1919-1920 and 1924-1925. In T. W. Salmon & M. Fenton (Eds.), *Neuropsychiatry in the American Expeditionary Forces*. The Medical Department of the United States Army in the World War, Vol. 10, Section 2, Chapter IX, (443-474). https://archive.org/details/WW1ArmyMedDeptHistV10/page/n9/mode/2up.

Ferenczi, S. (1919). Die Psychoanalyse der Kriegsneurosen. *Internationale Psychoanalytische Bibliothek, 1*, 10-30. https://archive.org/details/ZurPsychoanalyseDerKriegsneurosen.

Fischer-Homberger, E. (1970). Railway Spine und traumatische Neurose. *Gesnerus, 27*(1/2), 96-111.

Fischer-Homberger, E. (1971a). Charcot und die Ätiologie der Neurosen. *Gesnerus, 28*(1/2), 35-46.

Fischer-Homberger, E. (1971b). Der Begriff des freien Willens in der Geschichte der traumatischen Neurose. *Clio Medica, 6,* 121-137.

Fischer-Homberger, E. (1999). Zur Medizingeschichte des Traumas. *Gesnerus, 56,* 260–294.

Fisher, R. A. (1935). *The Design of Experiments.* New York: Hafner Press.

Foa, E. B., Dancu, C. V., Hembree, E. A., Jaycox, L. H., Meadows, E. A. & Street, G. P. (1999). A comparison of exposure therapy, stress inoculation training, and their combination for reducing posttraumatic stress disorder in female assault victims. *Journal of consulting and clinical psychology, 67*(2), 194–200. https://doi.org/10.1037//0022-006x.67.2.194.

Foa, E. B., McLean, C. P., Capaldi, S. & Rosenfield, D. (2013). Prolonged exposure vs supportive counseling for sexual abuse-related PTSD in adolescent girls: A randomized clinical trial. *Journal of the American Medical Association, 310*(24), 2650–2657. doi:10.1001/jama.2013.282829.

Foa, E. B., Rothbaum, B. O., Riggs, D. S. & Murdock, T. B. (1991). Treatment of posttraumatic stress disorder in rape victims: A comparison between cognitive-behavioral procedures and counseling. *Journal of Consulting and Clinical Psychology, 59*(5), 715–723. doi:10.1037//0022-006X.59.5.715.

Forcher, M. & Mertelseder B. (2015). *Wenn die Nerven versagen.* In Gesichter der Geschichte - Schicksale aus Tirol 1914-1918. Haymon: Innsbruck.

Ford, J. D., Chang, R., Levine, J., & Zhang, W. (2013). Randomized clinical trial comparing affect regulation and supportive group therapies for victimization-related PTSD with incarcerated women. *Behavior therapy, 44*(2), 262–276. https://doi.org/10.1016/j.beth.2012.10.003.

Ford, J. D., Grasso, D. J., Greene, C. A., Slivinsky, M., & DeViva, J. C. (2018). Randomized clinical trial pilot study of prolonged exposure versus present centred affect regulation therapy for PTSD and anger problems with male military combat veterans. *Clinical psychology & psychotherapy, 25*(5), 641–649. https://doi.org/10.1002/cpp.2194.

Ford, J. D., Steinberg, K. L., & Zhang, W. (2011). A randomized clinical trial comparing affect regulation and social problem-solving psychotherapies for mothers with victimization-related PTSD. *Behavior therapy, 42*(4), 560–578. https://doi.org/10.1016/j.beth.2010.12.005.

Forsbach, R. (2011). Friedrich Panse - etabliert in allen Systemen. *Nervenarzt, 83,* 329-336.

Frank, E., Turner, S. M. & Duffy, B. (1979). Depressive symptoms in rape victims. *Journal of affective disorders, 1*(4), 269-277.

Freud, S. (1896). Zur Aetiologie der Hysterie. In: A. Freud et al. (1952): *Sigmund Freud, gesammelte Werke, chronologisch geordnet, Band I*, 425-459. London: Imago Publishing Co., Ltd.

Freud, S. (1906). Meine Ansichten über die Rolle der Sexualität in der Ätiologie der Neurosen. In: A. Freud et al. (1952): *Sigmund Freud, gesammelte Werke, chronologisch geordnet, Band V*, 149-159. London: Imago Publishing Co., Ltd.

Freud, S. (1919). *Gutachten über die elektrische Behandlung der Kriegsneurotiker.* http://wk1.staatsarchiv.at/sanitaet-und-hygiene/sigmund-freud-gutachten-zu-elektroschocks/.

Freyth, C., Elsesser, K., Lohrmann, T., & Sartory, G. (2010). Effects of additional prolonged exposure to psychoeducation and relaxation in acute stress disorder. *Journal of anxiety disorders, 24*(8), 909–917. https://doi.org/10.1016/j.janxdis.2010.06.016.

Friedman, M. J., Resick, P. A., Bryant, R. A. & Brewin, C. R. (2010). Considering PTSD for DSM-5. *Depression and anxiety, 28,* 750-769. doi:10.1002/da.20767.

Fulton, J., Calhoun, P. S., Wagner, H. R., Schry, A. R., Hair, L. P., Feeling, N., Elbogen, E. & Beckham, J. C. (2015). The prevalence of posttraumatic stress disorder in Operation Enduring Freedom/Operation Iraqi Freedom (OEF/OIF) Veterans: A meta-analysis. *Journal of anxiety disorders, 31,* 98-107. https://doi.org/10.1016/j.janxdis.2015.02.003Get rights and content.

Garland, E. L., Roberts-Lewis, A., Tronnier, C. D., Graves, R. & Kelley, K. (2016). Mindfulness-Oriented Recovery Enhancement versus CBT for co-occurring substance dependence, traumatic stress, and psychiatric disorders: Proximal outcomes from a pragmatic randomized trial. *Behaviour research and therapy, 77,* 7–16. https://doi.org/10.1016/j.brat.2015.11.012.

Germain, A., Richardson, R., Moul, D. E., Mammen, O., Haas, G., Forman, S. D., Rode, N., Begley, A., & Nofzinger, E. A. (2012). Placebo-controlled comparison of prazosin and cognitive-behavioral treatments for sleep disturbances in US Military Veterans. *Journal of psychosomatic research, 72*(2), 89–96. https://doi.org/10.1016/j.jpsychores.2011.11.010.

Giannoni-Pastor, A., Eiroa-Orosa, F. J., Kinori, S. G. F. Arguello, J. M. & Casas, M. (2016). Prevalence and Predictors of Posttraumatic Stress Symptomatology Among Burn Survivors: A Systematic Review and Meta-Analysis. *Journal of burn care & research, 37*(1), e79–e89. https://doi.org/10.1097/BCR.0000000000000226.

Gibert, L., Coulange, M., Reynier, J. C., Le Quiniat, F., Molle, A., Bénéton, F., Meurice, V., Micoulaud, J. A., & Trousselard, M. (2022). Comparing meditative scuba diving versus multisport activities to improve post-traumatic stress disorder symptoms: a pilot, randomized controlled clinical trial. *European journal of psychotraumatology, 13*(1), 2031590. https://doi.org/10.1080/20008198.2022.2031590.

Gilboa-Schechtman, E., Foa, E. B., Shafran, N., Aderka, I. M., Powers, M. B., Rachamim, L., Rosenbach, L., Yadin, E. & Apter, A. (2010). Prolonged exposure versus dynamic therapy for adolescent PTSD: a pilot randomized controlled trial. *Journal of the American Academy of Child and Adolescent Psychiatry, 49*(10), 1034–1042. https://doi.org/10.1016/j.jaac.2010.07.014.

Gillies, D., Maiocchi, L., Bhandari, A. P., Taylor, F., Gray, C. & O'Brien, L. (2016). Psychological therapies for children and adolescents exposed to trauma. *The Cochrane Database of Systematic Reviews, 10* (10), CD012371. https://doi.org/10.1002/14651858.CD012371.

Gold, H. (1954). How to evaluate a new drug. *American journal of medicine, 11,* 722-727.

Golding, J. M. (1999). Intimate Partner Violence as a Risk Factor for Mental Disorders: A Meta-Analysis. *Journal of family violence, 14*(2), 99-132.

Goltermann, S. (2009). *Die Gesellschaft der Überlebenden.* München: Deutsche Verlagsanstalt.

Gordon, T., Grummon, D. L., Rogers, C. R. & Seeman, J. (1954). Developing a Program of Research in Psychotherapy. In C. R. Rogers & R. F. Dymond (Hrsg.), *Psychotherapy and personality change* (S. 12-34). Chicago: University Press. https://archive.org/details/rogers-dymond-1954-psychotherapy-and-personality-change-co-ordinated-research-studies-archive.org/page/ii/mode/2up.

Goreis, A., Felnhofer, A., Kafka, J. X., Probst, T. & Kothgassner, O. D. (2020). Efficacy of Self-Management Smartphone-Based Apps for Post-traumatic Stress Disorder Symptoms: A Systematic Review and Meta-Analysis. *Frontiers in Neuroscience, 14*, 3. https://doi.org/10.3389/fnins.2020.00003.

Goto, T. & Wilson, J. P. (2003). A review of the history of traumatic stress studies in Japan. From Traumatic Neurosis to PTSD. *Trauma, violence, & abuse, 4*(3), 195-209. DOI: 10.1177/152483800325248.

Grawe, K., Donati, R. & Bernauer, F. (1994). *Psychotherapie im Wandel. Von der Konfession zur Profession, 2. Auflage.* Göttingen: Hogrefe.

Greiner, T. (1962). Subjective Bias of the Clinical Pharmacologist. *JAMA, 181*(2), 120-121.

Guerra, C., Taylor, E. P., & Arredondo, V. (2024). Effect of three group interventions on psychosocial functioning in adolescents exposed to interpersonal violence in Chile: A pilot clinical trial. *Child abuse & neglect*, 157, 107073. https://doi.org/10.1016/j.chiabu.2024.107073.

Guyatt, G. H., Oxman, A. D., Vist, G. E., Kunz, R., Falck-Ytter, Y., Alonso-Coello, P., Schünemann, H. J., & GRADE Working Group (2008). GRADE: an emerging consensus on rating quality of evidence and strength of recommendations. *BMJ (Clinical research ed.), 336*(7650), 924–926. https://doi.org/10.1136/bmj.39489.470347.AD.

Haas, H., Fink, H. & Haertfelder, G. (1959). Das Placebo Problem. *Fortschritte der Arzneimittelforschung, 1*, 279-454.

Harris, M. G., Kazdin, A. E., Chiu, W. T., Sampson, N. A., Aguilar-Gaxiola, S., Al-Hamzawi, A., Alonso, J., Altwaijri, Y., Andrade, L. H., Cardoso, G., Cía, A., Florescu, S., Gureje, O., Hu, C., Karam, E. G., Karam, G., Mneimneh, Z., Navarro-Mateu, F., Oladeji, B. D., O'Neill, S., Scott, K., Slade, T., Torres, Y., Vigo, D., Wojtyniak, B., Zarkov, Z., Ziv, Y., Kessler, R. C. & WHO World Mental Health Survey Collaborators (2020). Findings From World Mental Health Surveys of the Perceived Helpfulness of Treatment for Patients With Major Depressive Disorder. *JAMA Psychiatry, 77*(8), 830–841. https://doi.org/10.1001/jamapsychiatry.2020.1107.

Heckrath, C. & Dohmen, P. (1997). Zu der empirischen Basis der 'hochsignifikanten Überlegenheit' der kognitiv-behavioralen gegenüber den psychoanalytischen Therapieverfahren. *Zeitschrift für psychosomatische Medizin und Psychoanalyse, 43*(2), 179-201.

Hensel-Dittmann, D., Schauer, M., Ruf, M., Catani, C., Odenwald, M., Elbert, T. & Neuner, F. (2011). Treatment of traumatized victims of war and torture: a randomized controlled comparison of narrative exposure therapy and stress inoculation training. *Psychotherapy and Psychosomatics, 80*(6), 345–352. https://doi.org/10.1159/000327253.

Higgins, J. P. T., Savović, J., Page, M. J., Elbers, R. G & Sterne, J. A. C. (2020). Assessing risk of bias in a randomized trial. In J. P. T. Higgins et al. (Hrsg.), *Cochrane Handbook for Systematic Reviews of Interventions, Chapter 8,* https://training.cochrane.org/handbook/current/chapter-08.

Hinterhuber, H. (2005). Julius Wagner-Jauregg und die Eugenik. *Neuropsychiatrie, 19,* 109-130.

Hinton, D. E., Hofmann, S. G., Rivera, E., Otto, M. W., & Pollack, M. H. (2011). Culturally adapted CBT (CA-CBT) for Latino women with treatment-resistant PTSD: a pilot study comparing CA-CBT to applied muscle relaxation. *Behaviour research and therapy, 49*(4), 275–280. https://doi.org/10.1016/j.brat.2011.01.005.

Hodgins, G. E., Blommel, J. G., Dunlop, B. W., Iosifescu, D., Mathew, S. J., Neylan, T. C., Mayberg, H. S. & Harvey, P. D. (2018). Placebo Effects Across Self-Report, Clinician Rating, and Objective Performance Tasks Among Women With Post-Traumatic Stress Disorder: Investigation of Placebo Response in a Pharmacological Treatment Study of Post-Traumatic Stress Disorder. *Journal of Clinical Psychopharmacology, 38*(3), 200–206. https://doi.org/10.1097/JCP.0000000000000858.

Hofer, J. (1688). *Dissertatio medica de nostalgia, oder Heimwehe*. Basel: Universität Basel.

Hollifield, M., Sinclair-Lian, N., Warner, T. D., & Hammerschlag, R. (2007). Acupuncture for posttraumatic stress disorder: a randomized controlled pilot trial. *The Journal of nervous and mental disease, 195*(6), 504–513. https://doi.org/10.1097/NMD.0b013e31803044f8.

Honigfeld, G. (1963). Physician and patient attitudes as factors influencing the placebo response in depression. *Diseases of the nervous system, 16,* 343-347.

Horn, P. (1915). Über Schreckneurosen in klinischer und unfallrechtlicher Beziehung. *Deutsche Zeitschrift für Nervenheilkunde, 53,* 333–403. https://doi.org/10.1007/BF01843203.

Horowitz, M. J. (1973). Phase oriented treatment of stress response syndromes. *American journal of psychotherapy, Oct 27*(4), 506-515.

Hoskins, M., Pearce, J., Bethell, A. & Dankova, L. (2016). Pharmacotherapy for post-traumatic stress disorder: Systematic review and meta-analysis. *The British journal of psychiatry: the journal of mental science, 206*(2), 93-100. DOI: https://doi.org/10.1192/bjp.bp.114.148551.

Hovens, J. E., Op den Velde, W., Falger, P. R. J, De Groen, J. H. M. & Van Duijn, H. (1994). Posttraumatic Stress Disorder in Male and Female Dutch Resistance Veterans of World War II in Relation to Trait Anxiety and Depression. *Psychological reports, 74*(1), 275–285. https://doi.org/10.2466/pr0.1994.74.1.275.

Ikin, J. F., Sim, M. R., McKenzie, D. P., Horsley, K. W. A., Wilson, E. J., Moore, M. R., Jelfs, P., Harrex, W. K. & Henderson, S. (2007). Anxiety, post-traumatic stress disorder and depression in Korean War veterans 50 years after the war. *British journal of psychiatry, 190*(6), 475-483. DOI: https://doi.org/10.1192/bjp.bp.106.025684.

Institute of Medicine of the National Academies (2008). *Treatment of Posttraumatic Stress Disorder.* Washington D. C.: The National Academies Press.

Ironson, G., Freund, B., Strauss, J. L. & Williams, J. (2002). Comparison of two treatments for traumatic stress: a community-based study of EMDR and prolonged exposure. *Journal of clinical psychology, 58*(1), 113–128. https://doi.org/10.1002/jclp.1132.

Jabłoński, R., Rosińczuk, J., Leszek, J., Uchmanowicz, I. & Panaszek, B. (2015). The progressive nature of concentration camp syndrome in former prisoners of Nazi concentration camps – Not just history, but the important issue of contemporary medicine. *Journal of psychiatric research, 75*, April, 1-6. https://doi.org/10.1016/j.jpsychires.2015.12.017.

Jones, E., Hodgins-Vermaas, R., McCartney, H., Everitt, B., Beech, C., Poynter, D., Palmer, I., Hyams, K. & Wessely, S. (2002). Post-combat syndromes from the Boer war to the Gulf war: a cluster analysis of their nature and attribution. *British medical journal (clinical research ed.), 324*(7333), 321–324. https://doi.org/10.1136/bmj.324.7333.321.

Jones, E. & Wessely, S. (2003). "Forward Psychiatry" in the Military. *Journal of traumatic stress, 16*(4), 411-419.

Jones, F. D. (1995). Psychiatric Lessons of War. In F. D. Jones, L. R. Sparacino, V. L. Wilcox, J. M. Rothberg & J. W. Stokes (Eds.), *War psychiatry, chapter I,* 1-33. Virginia: Office of The Surgeon General.

Kangas, M., Milross, C., Taylor, A., & Bryant, R. A. (2013). A pilot randomized controlled trial of a brief early intervention for reducing posttraumatic stress disorder, anxiety and depressive symptoms in newly diagnosed head and neck cancer patients. *Psychooncology, 22*(7), 1665–1673. https://doi.org/10.1002/pon.3208.

Kaptchuk, T. J. (2011). A brief history of the evolution of methods to control observer biases in tests of treatments. JLL Bulletin: Commentaries on the history of treatment evaluation. https://www.jameslindlibrary.org/articles/a-brief-history-of-the-evolution-of-methods-to-control-of-observer-biases-in-tests-of-treatments/.

Karatzias, T., Power, K., Brown, K., McGoldrick, T., Begum, M., Young, J., Loughran, P., Chouliara, Z., & Adams, S. (2011). A controlled comparison of the effectiveness and efficiency of two psychological therapies for posttraumatic stress disorder: eye movement desensitization and reprocessing vs. emotional freedom techniques. *The Journal of nervous and mental disease, 199*(6), 372–378. https://doi.org/10.1097/NMD.0b013e31821cd262.

Kardiner, A. (1947). *War stress and neurotic illness.* New York: Hoeber.

Kaufmann, F. (1916). Die planmäßige Heilung komplizierter psychogener Bewegungsstörungen in einer Sitzung. *Feldärztliche Beilage zur Münchner Medizinischen Wochenschrift, 22*, 802-804.

Kaul, M. B. (2012). *Günter Elsässer: Von der Erbforschung zur Psychotherapie.* Dissertation. Gießen: Justus-Liebig-Universität.

Keane, T. M. & Kaloupek, D. G. (1982). Imaginal flooding in the treatment of post-traumatic stress disorder. *Journal of consulting and clinical psychology 50*(1):138-40. DOI: 10.1037/0022-006X.50.1.138.

Kearney, D. J., Malte, C. A., Storms, M. & Simpson, T. L. (2021). Loving-Kindness Meditation vs Cognitive Processing Therapy for Posttraumatic Stress Disorder Among Veterans: A Randomized Clinical Trial. *JAMA network open, 4*(4), e216604. https://doi.org/10.1001/jamanetworkopen.2021.6604.

Kelly, U., Haywood, T., Segell, E. & Higgins, M. (2021). Trauma-Sensitive Yoga for Post-Traumatic Stress Disorder in Women Veterans who Experienced Military Sexual Trauma: Interim Results from a Randomized Controlled Trial. *Journal of alternative and complementary medicine (New York, N.Y.), 27*(S1), S45–S59. https://doi.org/10.1089/acm.2020.0417.

Kempe, C. H. (1978). Recent developments in the field of child abuse. *Child abuse and neglect, 2*(4), 261-267.

Kempe, C. H., Silverman, F. N., Steele, B. F., Droegemuller, W. & Silver, H. K. (1962). The battered-child syndrome. *JAMA, 181*, 17–24. https://doi.org/10.1001/jama.1962.03050270019004.

Khan, A., Faucett, J., Lichtenberg, P., Kirsch, I. & Brown, W. A. (2012). A systematic review of comparative efficacy of treatments and controls for depression. *PLoS one, 7*(7): e41778. doi: 10.1371/journal.pone.0041778.

Kirsch, I. & Henry, D. (1977). Extinction versus credibility in the desensitization of speech anxiety. *Journal of consulting and clinical psychology, 45*(6), 1052–1059. https://doi.org/10.1037/0022-006X.45.6.1052.

Kleist K. (1918). Schreckpsychosen. *Allgemeine Zeitschrift für Psychiatrie und psychisch-gerichtliche Medizin, 74*, 432–510.

Klingler, O. (1988). Psychotherapie und der Placebo-Effekt. *Psychologie in Österreich, 8,* 84-88.

Klingler, O. (1989). Aberglaube und der Placebo-Effekt. *Psychologie in Österreich, 9*, 85-90.

Klingler, O. J. (2010). *Empirische Evidenz als Grundlage von Behandlungsentscheidungen. Ein Vergleich meta-analytischer Methoden zur Psychotherapie der posttraumatischen Belastungsstörung bei Soldatinnen und Soldaten.* Wissenschaftliche Studie. München: Grin.

Klingler, O. J. (2016). Die Behandlung der Posttraumatischen Belastungsstörung bei Soldatinnen und Soldaten – Psychologisch-psychotherapeutische Verfahren im Vergleich. *Psychologie in Österreich, 1&2*, 28-35.

Klingler, O. (2019). Nostalgia: Verlorene Paradiese und die Belastbarkeit von Rekruten. *Österreichische Militärische Zeitschrift, 4*, 458-465.

Klingler, O. J. (2023a). *Seelische Verwundungen. Erscheinungsformen, Behandlungsmethoden und ein Selbsthilfeverfahren.* Norderstedt: Books on Demand.

Klingler, O. J. (2023b). *Seelische Verwundungen. Behandlung und Selbsthilfe bei posttraumatischer Belastungsstörung und anderen Traumafolgestörungen.* Norderstedt: Books on Demand.

Kloocke, R., Schmiedebach, H.-P. & Priebe, S. (2005). Psychological injury in the two World Wars: changing concepts and terms in German Psychiatry. *History of psychiatry,16*(1), 43–60. DOI: 10.1177/0957154X05044600.

Koranyi, E. K. (1969). A theoretical review of the survivor syndrome. *Diseases of the nervous system, 30,* 115-118.

Kraepelin, E. (1904): *Psychiatrie. Ein Lehrbuch für Studierende und Ärzte, 7. Auflage, 2. Band.* Leipzig: Barth. https://archive.org/details/psychiatriev01kraegoog/page/n7/mode/2up.

Kraus, K. (1922). *Die letzten Tage der Menschheit. IV. Akt, Szene 41.* Wien: Die Fackel.

Kriz, J. (2019). Evidenzbasierung als Kriterium der Psychotherapie-Selektion? Über eine gutes Konzept und seine missbräuchliche Verwendung. *Psychotherapie-Wissenschaft, 9*(2), 42–50. https://doi.org/10.30820/1664-9583-2019-2-42.

Kuwert, P., Spitzer, C., Rosenthal, J. & Freyberger, H. J. (2008). Trauma and post-traumatic stress symptoms in former German child soldiers of World War II. *International psychogeriatrics, 20,* 1–5. doi:10.1017/S1041610208007035.

Langkaas, T. F., Hoffart, A., Øktedalen, T., Ulvenes, P. G., Hembree, E. A., & Smucker, M. (2017). Exposure and non-fear emotions: A randomized controlled study of exposure-based and rescripting-based imagery in PTSD treatment. *Behaviour research and therapy, 97,* 33–42. https://doi.org/10.1016/j.brat.2017.06.007.

Laplace, P. S. (1816). *Essai philosophique sur les prbabilités.* Paris: Courcier.

Laugharne, J., Kullack, C., Lee, C., McGuire, T., & Brockman, S. & Drummond, P. (2016). Amygdala Volumetric Change Following Psychotherapy for Posttraumatic Stress Disorder. *The Journal of neuropsychiatry and clinical neurosciences. 28.* appineuropsych16010006. 10.1176/appi.neuropsych.16010006.

Lazarov, A., Suarez-Jimenez, B., Abend, R., Naim, R., Shvil, E., Helpman, L., Zhu, X., Papini, S., Duroski, A., Rom, R., Schneier, F. R., Pine, D. S., Bar-Haim, Y., & Neria, Y. (2019). Bias-contingent attention bias modification and attention control training in treatment of PTSD: a randomized control trial. *Psychological medicine, 49(14),* 2432–2440. https://doi.org/10.1017/S0033291718003367.

Lee, C., Gavriel, H., Drummond, P., Richards, J., & Greenwald, R. (2002). Treatment of PTSD: stress inoculation training with prolonged exposure compared to EMDR. *Journal of clinical psychology, 58*(9), 1071–1089. https://doi.org/10.1002/jclp.10039.

Lee, D. J., Schnitzlein, C. W., Wolf, J. P., Vythilingam, M., Rasmusson, A. M. & Hoge, C. W. (2016). Psychotherapy versus Pharmacotherapy for Posttraumatic Stress Disorder: Systemic Review and Meta-Analyses to Determine First-Line Treatments. *Depression and anxiety, 33* (9), 792–806. https://doi.org/10.1002/da.22511.

Lee, K. A., Vaillant, G. E., Torrey, W. C. & Elder G. H. (1996). *A 50-year prospective study of the psychological sequelae of World War II combat* (Research Note 96-19) U.S. Army Research Institute for the Behavioral and Social Sciences. https://apps.dtic.mil/dtic/tr/fulltext/u2/a319601.

Lehmacher, A. T. K. (2013). *Trauma-Konzepte im historischen Wandel: Ein Beitrag zur Rezeptionsgeschichte der Posttraumatic-Stress Disorder in Deutschland (1980–1991).* Dissertation. Bonn: Rheinische Friedrich-Wilhelms-Universität.

Lely, J., Knipscheer, J. W., Moerbeek, M., Ter Heide, F., van den Bout, J. & Kleber, R. J. (2019). Randomised controlled trial comparing narrative exposure therapy with present-centred therapy for older patients with post-traumatic stress disorder. *The British journal of psychiatry: the journal of mental science, 214*(6), 369–377. https://doi.org/10.1192/bjp.2019.59.

Lerner, P. (1997). »Nieder mit der Traumatischen Neurose, Hoch die Hysterie«: Zum Niedergang und Fall des Hermann Oppenheim (1889–1919). *Psychotherapie, 2*(1), 16–22.

Lewis, C., Roberts, N. P., Andrew, M., Starling, E. & Bisson, J. I. (2020). Psychological therapies for post-traumatic stress disorder in adults: systematic review and meta-analysis. *European Journal of psychotraumatology, 11*(1), 1729633. https://doi.org/10.1080/20008198.2020.1729633.

Lewis, C., Roberts, N. P., Simon, N., Bethell, A. & Bisson, J. I. (2019). Internet-delivered cognitive behavioural therapy for post-traumatic stress disorder: systematic review and meta-analysis. *Acta psychiatrica scandinavica, 140*(6), 508–521. https://doi.org/10.1111/acps.13079.

Liebermeister, C. (1877). Über Wahrscheinlichkeitsrechnung in Anwendung auf therapeutische Statistik. *Sammlung klinischer Vorträge 110* (Innere Medizin 39), S. 935-962. https://www.digitale-sammlungen.de/de/view/bsb11360511?page=,1.

Light, R. J. & Pillemer, D. B. (1984). *Summing up: the science of reviewing research.* Harvard University Press, Cambridge, Mass. https://archive.org/details/summingupscience00ligh/page/n9/mode/2up.

Lind, J. (1753). *A treatise of the scurvy. In three parts. Containing an inquiry into the nature, causes and cure, of that disease. Together with a critical and chronological view of what has been published on the subject.* Edinburgh: Sands, Murray and Cochran. https://www.jameslindlibrary.org/articles/james-lind-and-scurvy-1747-to-1795/.

Linden, S. C., Hess, V. & Jones, E. (2012). The neurological manifestations of trauma: lessons from World War I. *European archives of psychiatry and clinical neuroscience, 262*(3), 253–264. doi: 10.1007/s00406-011-0272-9.

Litz, B. T., Engel, C. C., Bryant, R. A., & Papa, A. (2007). A randomized, controlled proof-of-concept trial of an Internet-based, therapist-assisted self-management treatment for posttraumatic stress disorder. *The American journal of psychiatry, 164*(11), 1676–1683. https://doi.org/10.1176/appi.ajp.2007.06122057.

Litz, B. T., Rusowicz-Orazem, L., Doros, G., Grunthal, B., Gray, M., Nash, W. & Lang, A. J. (2021). Adaptive disclosure, a combat-specific PTSD treatment, versus cognitive-processing therapy, in deployed marines and sailors: A randomized controlled non-inferiority trial. *Psychiatry research, 297*, 113761. https://doi.org/10.1016/j.psychres.2021.113761.

Litz, B. T., Yeterian, J., Berke, D., Lang, A. J., Gray, M. J., Nienow, T., Frankfurt, S., Harris, J. I., Maguen, S., & Rusowicz-Orazem, L. (2024). A controlled trial of adaptive disclosure-enhanced to improve functioning and treat posttraumatic stress disorder. *Journal of consulting and clinical psychology, 92*(3), 150–164. https://doi.org/10.1037/ccp0000873.

Löhner, G. (1835). *Die homöopathischen Kochsalzversuche zu Nürnberg.* Von einer Gesellschaft wahrheitsliebender Männer veröffentlicht durch George Löhner. https://archive.org/details/bub_gb_Fds8AAAAcAAJ/page/n3/mode/2up.

Logue, M. W., van Rooij, S., Dennis, E. L., Davis, S. L., Hayes, J. P., Stevens, J. S., Densmore, M., Haswell, C. C., Ipser, J., Koch, S., Korgaonkar, M., Lebois, L., Peverill, M., Baker, J. T., Boedhoe, P., Frijling, J. L., Gruber, S. A., Harpaz-Rotem, I., Jahanshad, N., Koopowitz, S., Levy, I., Nawijn, L., O'Connor, L., Olff, M., Salat, D. H., Sheridan, M. A., Spielberg, J. M., van Zuiden, M., Winternitz, S. R., Wolff, J. D., Wolf, E. J., Wang, X., Wrocklage, K., Abdallah, C. G., Bryant, R. A., Geuze, E., Jovanovic, T., Kaufman, M. L., King, A. P., Krystal, J. H., Lagopoulos, J., Bennett, M., Lanius, R., Liberzon, I., McGlinchey, R. E., McLaughlin, K. A., Milberg, W. P., Miller, M. W., Ressler, K. J., Veltman, D. J., Stein, D. J., Thomaes, K., Thompson, P. M. & Morey, R. A. (2018). Smaller Hippocampal Volume in Posttraumatic Stress Disorder: A Multisite ENIGMA-PGC Study: Subcortical Volumetry Results From Posttraumatic Stress Disorder Consortia. *Biological psychiatry, 83*(3), 244–253. https://doi.org/10.1016/j.biopsych.2017.09.006.

Luborsky, L., Rosenthal, R., Diguer, L., Andrusyna, T. P., Berman, J. S., Levitt, J. T., Seligman, D. A. & Krause, E. D. (2002). The Dodo bird verdict is alive and well – mostly. *Clinical psychology: science and practice, 9*(1), 2–12.

Luborsky, L., Singer, B. & Luborsky, L. (1976). Comparative studies of psychotherapies: Is it true that "everyone has won and all must have prizes"? In R. L. Spitzer & D. F. Klein (Hrsg.), *Evaluation of psychological therapies*, S. 3-22. Baltimore: John Hopkins University Press. https://archive.org/details/evaluationofpsyc00amer/page/n5/mode/2up.

Lundh, A., Sismondo, S., Lexchin, J., Busuioc, O. A. & Bero, L. (2012). Industry sponsorship and research outcome. *The Cochrane Database of Systematic Reviews, 12*, MR000033. https://doi.org/10.1002/14651858.MR000033.pub2.

Luoma, J. B., Chwyl, C., Bathje, G. J., Davis, A. K. & Lancelotta, R. (2020). A Meta-Analysis of Placebo-Controlled Trials of Psychedelic-Assisted Therapy. *Journal of psychoactive drugs, 52*(4), 289–299. https://doi.org/10.1080/02791072.2020.1769878.

Maercker, A. & Herrle, J. (2003). Long-Term Effects of the Dresden Bombing: Relationships to Control Beliefs, Religious Belief, and Personal Growth. *Journal of traumatic stress, 16,* 579–587.

Mannarino, A. P., Cohen, J. A., Deblinger, E., Runyon, M. K., & Steer, R. A. (2012). Trauma-focused cognitive-behavioral therapy for children: sustained impact of treatment 6 and 12 months later. *Child maltreatment, 17*(3), 231–241. https://doi.org/10.1177/1077559512451787.

Markowitz, J. C., Petkova, E., Neria, Y., Van Meter, P. E., Zhao, Y., Hembree, E., Lovell, K., Biyanova, T. & Marshall, R. D. (2015). Is Exposure Necessary? A Randomized Clinical Trial of Interpersonal Psychotherapy for PTSD. *The American journal of psychiatry, 172*(5), 430–440. https://doi.org/10.1176/appi.ajp.2014.14070908.

Marks, I., Lovell, K., Noshirvani, H., Livanou, M., & Thrasher, S. (1998). Treatment of posttraumatic stress disorder by exposure and/or cognitive restructuring: a controlled study. *Archives of general psychiatry, 55*(4), 317–325. https://doi.org/10.1001/archpsyc.55.4.317.

McDonagh, A., Friedman, M., McHugo, G., Ford, J., Sengupta, A., Mueser, K., Demment, C. C., Fournier, D., Schnurr, P. P. & Descamps, M. (2005). Randomized trial of cognitive-behavioral therapy for chronic posttraumatic stress disorder in adult female survivors of childhood sexual abuse. *Journal of consulting and clinical psychology, 73*(3), 515–524. https://doi.org/10.1037/0022-006X.73.3.515.

Menninger, W. C. (1948). *Psychiatry in a troubled world; yesterday's war and today's challenge.* New York: Macmillan.

Merz, J., Schwarzer, G. & Gerger, H. (2019). Comparative Efficacy and Acceptability of Pharmacological, Psychotherapeutic, and Combination Treatments in Adults With Posttraumatic Stress Disorder. A Network Meta-analysis. *JAMA psychiatry, 76*(9), 904-913. doi:10.1001/jamapsychiatry.2019.0951.

Michopoulos, I., Furukawa, T. A., Noma, H., Kishimoto, S., Onishi, A., Ostinelli, E. G., Ciharova, M., Miguel, C., Karyotaki, E. & Cuijpers, P. (2021). Different control conditions can produce different effect estimates in psychotherapy trials for depression. *Journal of clinical epidemiology, 132,* 59–70. https://doi.org/10.1016/j.jclinepi.2020.12.012.

Morina, N., Hoppen, T. H. & Kip, A. (2021). Study quality and efficacy of psychological interventions for posttraumatic stress disorder: a meta-analysis of randomized controlled trials. *Psychological medicine, 51*(8), 1–11. Advance online publication. https://doi.org/10.1017/S0033291721001641.

Morina, N., Koerssen, R. & Pollet, T. V. (2016). Interventions for children and adolescents with posttraumatic stress disorder: A meta-analysis of comparative outcome studies. *Clinical Psychology Review, 47,* 41–54. https://doi.org/10.1016/j.cpr.2016.05.006.

Motta, L. S., Gosmann, N. P., Costa, M. A., Jaeger, M. B., Frozi, J., Grevet, L. T., Spanemberg, L., Manfro, G. G., Cuijpers, P., Pine, D. S., & Salum, G. (2023). Placebo response in trials with patients with anxiety, obsessive-compulsive and stress disorders across the lifespan: a three-level meta-analysis. *BMJ mental health, 26*(1), e300630. https://doi.org/10.1136/bmjment-2022-300630.

Müller-Oerlinghausen, B. (1983). Das Placebo-Problem. *Münchner Medizinische Wochenschrift, 125,* 80-84.

Munder, T., Brütsch, O., Leonhart, R., Gerger, H., & Barth, J. (2013). Researcher allegiance in psychotherapy outcome research: an overview of reviews. *Clinical psychology review, 33*(4), 501–511. https://doi.org/10.1016/j.cpr.2013.02.002.

Myers, C. C. (1915). A contribution to the study of shell shock. *The lancet, Feb.13*, 316-320.

Nacasch, N., Foa, E. B., Huppert, J. D., Tzur, D., Fostick, L., Dinstein, Y., Polliack, M., & Zohar, J. (2011). Prolonged exposure therapy for combat- and terror-related posttraumatic stress disorder: a randomized control comparison with treatment as usual. *The journal of clinical psychiatry, 72*(9), 1174–1180. https://doi.org/10.4088/JCP.09m05682blu.

Najavits, L. M., Krinsley, K., Waring, M. E., Gallagher, M. W., & Skidmore, C. (2018). A Randomized Controlled Trial for Veterans with PTSD and Substance Use Disorder: Creating Change versus Seeking Safety. *Substance use & misuse, 53*(11), 1788–1800. https://doi.org/10.1080/10826084.2018.1432653.

Nathan, T. S., Eitinger, L., & Winnik, H. Z. (1964). A psychiatric study of survivors of the Nazi Holocaust: A study in hospitalized patients. *Israel annals of psychiatry & related disciplines, 2*(1), 47–76.

Nidich, S., Mills, P. J., Rainforth, M., Heppner, P., Schneider, R. H., Rosenthal, N. E., Salerno, J., Gaylord-King, C., & Rutledge, T. (2018). Non-trauma-focused meditation versus exposure therapy in veterans with post-traumatic stress disorder: a randomised controlled trial. *The lancet. Psychiatry, 5*(12), 975–986. https://doi.org/10.1016/S2215-0366(18)30384-5.

Nijdam, M. J., Gersons, B. P., Reitsma, J. B., de Jongh, A. & Olff, M. (2012). Brief eclectic psychotherapy v. eye movement desensitisation and reprocessing therapy for post-traumatic stress disorder: randomised controlled trial. *The British journal of psychiatry: the journal of mental science, 200*(3), 224–231. https://doi.org/10.1192/bjp.bp.111.099234.

Nixon, R. D., Sterk, J., & Pearce, A. (2012). A randomized trial of cognitive behaviour therapy and cognitive therapy for children with posttraumatic stress disorder following single-incident trauma. *Journal of abnormal child psychology, 40*(3), 327–337. https://doi.org/10.1007/s10802-011-9566-7.

Nonne, M. (1917). *Funktionelle Reiz- und Lähmungszustände bei Kriegsteilnehmern und deren Heilung durch Suggestion in Hypnose.* https://vimeo.com/115613516.

Nordbrandt, M. S., Sonne, C., Mortensen, E. L., & Carlsson, J. (2020). Trauma-affected refugees treated with basic body awareness therapy or mixed physical activity as augmentation to treatment as usual-A pragmatic randomised controlled trial. *PloS one, 15*(3), e0230300. https://doi.org/10.1371/journal.pone.0230300.

Norman, S. B., Trim, R., Haller, M., Davis, B. C., Myers, U. S., Colvonen, P. J., Blanes, E., Lyons, R., Siegel, E. Y., Angkaw, A. C., Norman, G. J. & Mayes, T. (2019). Efficacy of Integrated Exposure Therapy vs Integrated Coping Skills Therapy for Comorbid Posttraumatic Stress Disorder and Alcohol Use Disorder: A Randomized Clinical Trial. *JAMA psychiatry, 76*(8), 791–799. https://doi.org/10.1001/jamapsychiatry.2019.0638.

Norman, S. B., Capone, C., Panza, K. E., Haller, M., Davis, B. C., Schnurr, P. P., Shea, M. T., Browne, K., Norman, G. J., Lang, A. J., Kline, A. C., Golshan, S., Allard, C. B. & Angkaw, A. (2022). A clinical trial comparing trauma-informed guilt reduction therapy (TrIGR), a brief intervention for trauma-related guilt, to supportive care therapy. *Depression and anxiety, 39*(4), 262–273. https://doi.org/10.1002/da.23244.

Oglesby, P. (1987). Da Costa's syndrome or neurocirculatory asthenia. *British heart journal 58,* 306-315.

Ohta, Y, Mine, M, Wakasugi, M., Yoshimine, E., Himuro, Y., Yoneda, M., Yamaguchi, S., Mikita, A. & Morikawa, T. (2000). Psychological effect of the Nagasaki atomic bombing onsurvivors after half a century. *Psychiatry and clinical neurosciences, 54,* 97–103.

Oprel, D. A. C., Hoeboer, C. M., Schoorl, M., de Kleine, R. A., Cloitre, M., Wigard, I. G., van Minnen, A., & van der Does, W. (2021). Effect of Prolonged Exposure, intensified Prolonged Exposure and STAIR+Prolonged Exposure in patients with PTSD related to childhood abuse: a randomized controlled trial. *European journal of psychotraumatology, 12*(1), 1851511. https://doi.org/10.1080/20008198.2020.1851511.

Page, M. J., Higgins, J. P., Clayton, G., Sterne, J. A., Hróbjartsson, A. & Savović, J. (2016). Empirical Evidence of Study Design Biases in Randomized Trials: Systematic Review of Meta-Epidemiological Studies. *PLoS one, 11*(7), e0159267. https://doi.org/10.1371/journal.pone.0159267.

Paunovic, N., & Öst, L. G. (2001). Cognitive-behavior therapy vs exposure therapy in the treatment of PTSD in refugees. *Behaviour research and therapy, 39*(10), 1183–1197. https://doi.org/10.1016/s0005-7967(00)00093-0.

Peglau, A. (2019). *Psychoanalyse im Nationalsozialismus. Eine Kurzfassung.* https://andreas-peglau-psychoanalyse.de/psychoanalyse-im-nationalsozialismus-eine-kurzfassung/.

Popiel, A., Zawadzki, B., Pragłowska, E., & Teichman, Y. (2015). Prolonged exposure, paroxetine and the combination in the treatment of PTSD following a motor vehicle accident. A randomized clinical trial - The "TRAKT" study. *Journal of behavior therapy and experimental psychiatry, 48,* 17–26. https://doi.org/10.1016/j.jbtep.2015.01.002.

Prioleau, L., Murdock, M. & Brody, N. (1983). An analysis of psychotherapy versus placebo studies. *Behavioral and brain sciences, 6*(2), 275-285.

Proença, C. R., Markowitz, J. C., Coimbra, B. M., Cogo-Moreira, H., Maciel, M. R., Mello, A. F., & Mello, M. F. (2022). Interpersonal psychotherapy versus sertraline for women with posttraumatic stress disorder following recent sexual assault: a randomized clinical trial. *European journal of psychotraumatology, 13*(2), 2127474. https://doi.org/10.1080/20008066.2022.2127474.

Prot, K. (2009) Late Effects of Trauma: PTSD in Holocaust Survivors. *Journal of loss and trauma, 15*(1), 28-42. DOI: 10.1080/15325020902925506.

Psota, G. „80 Jahre nach dem Anschluss …". *Neuropsychiatry 32*, 119–120 (2018). https://doi.org/10.1007/s40211-018-0281-2.

Quinkert, B., Rauh, P & Winkler, U. (2010). Krieg und Psychiatrie 1914 - 1950. *Beiträge zur Geschichte des Nationalsozialismus, 26.* Göttingen: Wallstein. https://download.e-bookshelf.de/download/0000/3913/39/L-G-0000391339-0002317934.pdf.

Rauch, S. A., King, A. P., Abelson, J., Tuerk, P. W., Smith, E., Rothbaum, B. O., Clifton, E., Defever, A., & Liberzon, I. (2015). Biological and symptom changes in posttraumatic stress disorder treatment: a randomized clinical trial. *Depression and anxiety, 32*(3), 204–212. https://doi.org/10.1002/da.22331.

Rauh, P. & Prüll, L. (2015). Krank durch den Krieg? Der Umgang mit psychisch kranken Veteranen in Deutschland in der Zeit der Weltkriege. *Portal Militärgeschichte.* https://www.portal-militaergeschichte.de/rauh_pruell_krank.

Ready, D. J., Gerardi, R. J., Backscheider, A. G., Mascaro, N., & Rothbaum, B. O. (2010). Comparing virtual reality exposure therapy to present-centered therapy with 11 U.S. Vietnam veterans with PTSD. *Cyberpsychology, behavior and social networking, 13*(1), 49–54. https://doi.org/10.1089/cyber.2009.0239.

Reger, G. M., Koenen-Woods, P., Zetocha, K., Smolenski, D. J., Holloway, K. M., Rothbaum, B. O., Difede, J., Rizzo, A. A., Edwards-Stewart, A., Skopp, N. A., Mishkind, M., Reger, M. A., & Gahm, G. A. (2016). Randomized controlled trial of prolonged exposure using imaginal exposure vs. virtual reality exposure in active duty soldiers with deployment-related posttraumatic stress disorder (PTSD). *Journal of consulting and clinical psychology, 84*(11), 946–959. https://doi.org/10.1037/ccp0000134.

Rensberger, B (1972). Delayed Trauma in Veterans Cited. *The New York Times, May 3*, 19.

Resick, P. A., Galovski, T. E., Uhlmansiek, M. O., Scher, C. D., Clum, G. A., & Young-Xu, Y. (2008). A randomized clinical trial to dismantle components of cognitive processing therapy for posttraumatic stress disorder in female victims of interpersonal violence. *Journal of consulting and clinical psychology, 76*(2), 243–258. https://doi.org/10.1037/0022-006X.76.2.243.

Resick, P. A., Nishith, P., Weaver, T. L., Astin, M. C. & Feuer, C. A. (2002). A comparison of cognitive-processing therapy with prolonged exposure and a waiting condition for the treatment of chronic posttraumatic stress disorder in female rape victims. *Journal of consulting and clinical psychology, 70*(4), 867–879. doi:10.1037//0022-006X.70.4.867.

Resick, P. A., Wachen, J. S., Dondanville, K. A., Pruiksma, K. E., Yarvis, J. S., Peterson, A. L., Mintz, J., and the STRONG STAR Consortium, Borah, E. V., Brundige, A., Hembree, E. A., Litz, B. T., Roache, J. D. & Young-McCaughan, S. (2017). Effect of Group vs Individual Cognitive Processing Therapy in Active-Duty Military Seeking Treatment for Posttraumatic Stress Disorder: A Randomized Clinical Trial. *JAMA psychiatry, 74*(1), 28–36. https://doi.org/10.1001/jamapsychiatry.2016.2729.

Revenstorf, D. (2005). Das Kuckuckei. Über das pharmakologische Modell in der Psychotherapie-Forschung. *Psychotherapie, 10*(1), 22-31. https://sbt-in-berlin.de/cip-medien/2005-1-04-Revenstorf.pdf.

Rigler, J. (1879). *Ueber die Folgen der Verletzungen auf Eisenbahnen, insbesondere der Verletzungen des Rückenmarks.* G. Reimer: Berlin.

Rivers W. H. R. (1918). An address on the repression of war experience. *The Lancet, 191, Feb.2,* 173-177.

Robinson, L. A., Berman, J. S. & Neimeyer, R. A. (1990). Psychotherapy for the treatment of depression: a comprehensive review of controlled outcome research. *Psychological bulletin, 108*(1), 30–49. https://doi.org/10.1037/0033-2909.108.1.30.

Roethlisberger, F. J., Dickson W. J. & Wright, H. A. (1947). *Management and the Worker. An Account of a Research Program Conducted by the Western Electric Company.* Cambridge: Harvard University Press. https://archive.org/details/managementworker0000roet_z9l6/page/n5/mode/2up (06.10.20).

Rogers, C. R. (1954). Changes in the Maturity of Behavior as Related to Therapy. In C. R. Rogers & R. F. Dymond (Hrsg.), *Psychotherapy and Personality Change* (S. 215-237). Chicago: University Press. https://archive.org/details/rogers-dymond-1954-psychotherapy-and-personality-change-co-ordinated-research-studies-archive.org/page/ii/mode/2up.

Rogers, S., Silver, S. M., Goss, J., Obenchain, J., Willis, A. & Whitney, R. L. (1999). A single session, group study of exposure and Eye Movement Desensitization and Reprocessing in treating Posttraumatic Stress Disorder among Vietnam War veterans: preliminary data. *Journal of anxiety disorders, 13*(1-2), 119–130. https://doi.org/10.1016/s0887-6185(98)00043-7.

Rose, S., Bisson, J., Churchill, R. & Wessely, S. (2002). Psychological debriefing for preventing post traumatic stress disorder (PTSD). *The Cochrane Database of Systematic Reviews*, (2), CD000560. https://doi.org/10.1002/14651858.CD000560.

Rosenburg, R. B. (2012). "Empty Sleeves and Wooden Pegs": Disabled Confederate Veterans in Image and Reality. In D. A. Gerber (Hrsg.), *Disabled Veterans in History* (S. 204-228). Michigan: University of Michigan Press.

Rosenfeld, M. (1911). Die funktionellen Neurosen nach Trauma. In Kraus F. et al. (Hrsg.), *Ergebnisse der Inneren Medizin und Kinderheilkunde, S. 22-58.* Springer: Berlin.

Rosenthal, D. & Frank, J. D. (1956). Psychotherapy and the Placebo-Effekt. *Psychological bulletin, 53,* 294-302.

Rosenzweig, S. (1936). Some Implicit Common Factors in Diverse Methods of Psychotherapy. *American journal of orthopsychiatry, 6*(3), 412-415. http://clinica.ispa.pt/ficheiros/areas_utilizador/user11/6._some_implicit_common_factors_in_diverse.pdf.

Rossouw, J., Yadin, E., Alexander, D., Mbanga, I., Jacobs, T., & Seedat, S. (2016). A pilot and feasibility randomised controlled study of Prolonged Exposure Treatment and supportive counselling for post-traumatic stress disorder in adolescents: a third world, task-shifting, community-based sample. *Trials, 17*(1), 548. https://doi.org/10.1186/s13063-016-1677-6.

Rossouw, J., Yadin, E., Alexander, D. & Seedat, S. (2018). Prolonged exposure therapy and supportive counselling for post-traumatic stress disorder in adolescents: task-shifting randomised controlled trial. *The British journal of psychiatry: the journal of mental science, 213*(4), 587–594. https://doi.org/10.1192/bjp.2018.130.

Rothbaum, B. O., Astin, M. C. & Marsteller, F. (2005). Prolonged Exposure versus Eye Movement Desensitization and Reprocessing (EMDR) for PTSD rape victims. *Journal of traumatic stress, 18*(6), 607–616. https://doi.org/10.1002/jts.20069.

Russel, M. C. & Figley, C. R. (2017). Do the Military's Frontline Psychiatry/Combat and Operational Stress Control Doctrine Help or Harm Veterans?—Part One: Framing the Issue . *Psychological injury and law,* 10, 1–23. DOI 10.1007/s12207-016-9278-y.

Russel, M. C., Schaubel, S. R. & Figley, C. R. (2018). The Darker Side of Military Mental Healthcare Part Two: Five Harmful Strategies to Manage Its Mental Health Dilemma. *Psychological injury and law, 11*, 37–68. https://doi.org/10.1007/s12207-017-9311-9.

Russel, M. C., Schaubel, S. R. & Figley, C. R. (2018). The Darker Side of American Military Mental Healthcare - Part Three: Five More Harmful Strategies to Manage Its Mental Health Dilemma. *Psychological injury and law, February.* DOI: 10.1007/s12207-018-9312-3.

Rytwinsky, N. K., Scur, M. D., Feeny, N. C. & Youngstrom, E. A. (2013). The Co-Occurrence of Major Depressive Disorder Among Individuals With Posttraumatic Stress Disorder: A Meta-Analysis. *Journal of traumatic stress, 26*(3), 299-309. https://doi.org/10.1002/jts.21814.

Rzeszutek, M., Lis-Turlejska, M., Krajewska, A., Zawadzka, A., Lewandowski, M. & Szumiał, S. (2020). Long-Term Psychological Consequences of World War II Trauma Among Polish Survivors: A Mixed-Methods Study on the Role of Social Acknowledgment. *Frontiers in psychology, 11*, 210. https://doi.org/10.3389/fpsyg.2020.00210.

Salloum, A., & Overstreet, S. (2012). Grief and trauma intervention for children after disaster: exploring coping skills versus trauma narration. *Behaviour research and therapy, 50*(3), 169–179. https://doi.org/10.1016/j.brat.2012.01.001.

Salmon, T. W. (1917). *The care and treatment of mental diseases and war neuroses ("shell shock") in the British Army.* New York: The National Committee for Mental Hygiene.

Sandahl, H., Jennum, P., Baandrup, L., Lykke Mortensen, E., & Carlsson, J. (2021). Imagery rehearsal therapy and/or mianserin in treatment of refugees diagnosed with PTSD: Results from a randomized controlled trial. *Journal of sleep research, 30*(4), e13276. https://doi.org/10.1111/jsr.13276.

Sannibale, C., Teesson, M., Creamer, M., Sitharthan, T., Bryant, R. A., Sutherland, K., Taylor, K., Bostock-Matusko, D., Visser, A. & Peek-O'Leary, M. (2013). Randomized controlled trial of cognitive behaviour therapy for comorbid post-traumatic stress disorder and alcohol use disorders. *Addiction, 108*(8), 1397�410.

Schleiermacher, F. E. H. (1804). *Platon. Gesammelte Werke.* Seattle: Kindle/Amazon.

Schneider, F. (2011). Rede zur Gedenkveranstaltung Psychiatrie im Nationalsozialismus – Erinnerung und Verantwortung. *NeuroTransmitter, 1*, 19-25.

Schnurr, P. P., Chard, K. M., Ruzek, J. I., Chow, B. K., Resick, P. A., Foa, E. B., Marx, B. P., Friedman, M. J., Bovin, M. J., Caudle, K. L., Castillo, D., Curry, K. T., Hollifield, M., Huang, G. D., Chee, C. L., Astin, M. C., Dickstein, B., Renner, K., Clancy, C. P., Collie, C., … Shih, M. C. (2022). Comparison of Prolonged Exposure vs Cognitive Processing Therapy for Treatment of Posttraumatic Stress Disorder Among US Veterans: A Randomized Clinical Trial. *JAMA network open, 5*(1), e2136921. https://doi.org/10.1001/jamanetworkopen.2021.36921.

Schnurr, P. P., Friedman, M. J., Engel, C. C., Foa, E. B., Shea, M. T., Chow, B. K., Resick, P. A., Thurston, V., Orsillo, S. M., Haug, R., Turner, C. & Bernardy, N. (2007). Cognitive behavioral therapy for posttraumatic stress disorder in women: a randomized controlled trial. *JAMA 297*(8), 820–830. https://doi.org/10.1001/jama.297.8.820.

Schnurr, P. P., Friedman, M. J., Foy, D. W., Shea, M. T., Hsieh, F. Y., Lavori, P. W., Glynn, S. M., Wattenberg, M. & Bernardy, N. C. (2003). Randomized trial of trauma-focused group therapy for posttraumatic stress disorder: results from a department of veterans affairs cooperative study. *Archives of general psychiatry, 60*(5), 481–489. https://doi.org/10.1001/archpsyc.60.5.481.

Schulz, K. F., Chalmers, I., Hayes, R. J. & Altmann, D. G. (1995). Empirical Evidence of Bias. *JAMA, 273,* 408-412.

Schwamm, B. (2014). *Epiktet. Das Gesamtwerk.* Seattle: Kindle/Amazon.

Sebastian, B. & Nelms, J. (2017). The Effectiveness of Emotional Freedom Techniques in the Treatment of Posttraumatic Stress Disorder: A Meta-Analysis. *Explore (New York, N.Y.), 13*(1), 16–25. https://doi.org/10.1016/j.explore.2016.10.001.

Seidler, G. H. (2009) Einleitung: Geschichte der Psychotraumatologie. In: A. Maercker (Hg.) *Posttraumatische Belastungsstörungen,* 3-12. 3. Auflage. Springer: Berlin.

Shalev, A. Y., Ankri, Y., Israeli-Shalev, Y., Peleg, T., Adessky, R. & Freedman, S. (2012). Prevention of posttraumatic stress disorder by early treatment: results from the Jerusalem Trauma Outreach And Prevention study. *Archives of general psychiatry, 69*(2), 166–176. https://doi.org/10.1001/archgenpsychiatry.2011.127.

Shapiro, A. K. & Morris, L. A. (1978). The placebo effect in medical and psychological therapies. In S. L. Garfield & A. E. Bergin (Hrsg.), *Handbook of psychotherapy and behavior change: an empirical analysis,* S. 369-410. Wiley: New York.

Shapiro, F. (1989). Efficacy of the eye movement desensitization procedure in the treatment of traumatic memories. *Journal of traumatic stress studies, 2,*199–233.

Shapiro, F. (1999). EMDR. *Eye Movement Desensitization and Reprocessing.* Paderborn: Junfermann.

Shapiro, F. (2002). EMDR 12 Years after Its Introduction: Past and Future Research. *Journal of clinical psychology, 58*(1), 1–22.

Shatan, C. F. (1972). Post-Vietnam Syndrome. *New York times, May 6*, 35.

Simes, R. J. (1986). Publication bias: the case for an international registry of clinical trials. *Journal of clinical oncology 4,* 1529-1541.

Sloan, D. M., Marx, B. P., Lee, D. J., & Resick, P. A. (2018). A Brief Exposure-Based Treatment vs Cognitive Processing Therapy for Posttraumatic Stress Disorder: A Randomized Noninferiority Clinical Trial. *JAMA psychiatry, 75*(3), 233–239. https://doi.org/10.1001/jamapsychiatry.2017.4249.

Sloan, D. M., Unger, W., Lee, D. J., & Beck, J. G. (2018). A Randomized Controlled Trial of Group Cognitive Behavioral Treatment for Veterans Diagnosed With Chronic Posttraumatic Stress Disorder. *Journal of traumatic stress, 31*(6), 886–898. https://doi.org/10.1002/jts.22338.

Smid, G. E., Mooren, T. T. M., van der Mast, R. C., Gersons, B. P. R. & Kleber, R. J. (2009). Delayed Posttraumatic Stress Disorder: Systematic Review, Meta-Analysis, and Meta–Regression Analysis of Prospective Studies. *Journal of clinical psychiatry, july 14*, e1–e11. doi:10.4088/JCP.08r04484.

Smith, M. L., Glass, G. V., & Miller, T. I. (1980). *The benefits of psychotherapy*. Baltimore, MD: John Hopkins University Press (https://archive.org/details/benefitsofpsycho0000smit/page/n3/mode/2up).

Spence, J., Titov, N., Johnston, L., Jones, M. P., Dear, B. F., & Solley, K. (2014). Internet-based trauma-focused cognitive behavioural therapy for PTSD with and without exposure components: a randomised controlled trial. *Journal of affective disorders, 162*, 73–80. https://doi.org/10.1016/j.jad.2014.03.009.

Spielmans, G. I., Rosen, G. M. & Spence-Sing, T. (2020). Tapping Away at a Misleading Meta-analysis: No Evidence for Specificity of Acupoint Tapping. *The journal of nervous and mental disease, 208*(8), 628–631. https://doi.org/10.1097/NMD.0000000000001181.

Spranger, H. (2005). *Verhängte Bilder. Bemerkungen zum aktuellen Thema länger zurückliegender Kriegstraumatisierungen in der deutschen Bevölkerung.* Referat Psychosomatische Klinik Görlitz. https://studylibde.com/doc/2132807/der-umgang-mit-traumatisierten-des-zweiten-weltkriegs.

Stein, D. J., Harris, M. G., Vigo, D. V., Tat Chiu, W., Sampson, N., Alonso, J., Altwaijri, Y., Bunting, B., Caldas-de-Almeida, J. M., Cía, A., Ciutan, M., Degenhardt, L., Gureje, O., Karam, A., Karam, E. G., Lee, S., Medina-Mora, M. E., Mneimneh, Z., Navarro-Mateu, F., Posada-Villa, J., Rapsey, C., Torres, Y., Viana, M. C., Ziv, Y., Kessler, R. C. & WHO World Mental Health Survey Collaborators (2020). Perceived helpfulness of treatment for posttraumatic stress disorder: Findings from the World Mental Health Surveys. *Depression and anxiety, 37*(10), 972–994. https://doi.org/10.1002/da.23076.

Steinkamp, P. (2008). *Zur Devianz-Problematik in der Wehrmacht: Alkohol- und Rauschmittelmissbrauch bei der Truppe*. Dissertation. Freiburg im Breisgau: Albert-Ludwigs-Universität.

Sterling, T. D. (1959). Publication decisions and their possible effects on inferences drawn from tests of significance—or vice versa. *Journal of the American Statistical Association, 54,* 30–34. https://doi.org/10.2307/2282137.

Stierlin, E. (1911). Nervöse und psychische Störungen nach Katastrophen. Unter besonderer Berücksichtigung der Eisenbahnkatastrophe von Müllheim. *Deutsche Medizinische Wochenschrift, 37*(44), 2028-2035.

Stjernswärd J. (1974). Decreased survival related to irradiation postoperatively in early operable breast cancer. *Lancet (London, England), 2*(7892), 1285–1286. https://doi.org/10.1016/s0140-6736(74)90142-1.

Tarrier, N., Pilgrim, H., Sommerfield, C., Faragher, B., Reynolds, M., Graham, E. & Barrowclough, C. (1999). A randomized trial of cognitive therapy and imaginal exposure in the treatment of chronic posttraumatic stress disorder. *Journal of consulting and clinical psychology, 67*(1), 13–18. https://doi.org/10.1037//0022-006x.67.1.13.

Tay, A. K., Mohsin, M., Foo, C. Y. S., Rees, S., & Silove, D. (2023). Long-term efficacy of brief psychological treatments for common mental disorders in Myanmar refugees in Malaysia: 12-month follow-up of a randomized, active-controlled trial of integrative adapt therapy *v.* cognitive behavioral therapy. *Psychological medicine, 53*(13), 6055–6067. https://doi.org/10.1017/S0033291722003245.

Taylor, S., Thordarson, D. S., Maxfield, L., Fedoroff, I. C., Lovell, K. & Ogrodniczuk, J. (2003). Comparative efficacy, speed, and adverse effects of three PTSD treatments: exposure therapy, EMDR, and relaxation training. *Journal of consulting and clinical psychology, 71*(2), 330–338. https://doi.org/10.1037/0022-006x.71.2.330.

Ter Heide, F. J., Mooren, T. M., van de Schoot, R., de Jongh, A. & Kleber, R. J. (2016). Eye movement desensitisation and reprocessing therapy v. stabilisation as usual for refugees: randomised controlled trial. *The British journal of psychiatry: the journal of mental science, 209*(4), 311–318. https://doi.org/10.1192/bjp.bp.115.167775.

The James Lind Library (2020). *Illustrating the development of fair tests of treatments in health care.* https://www.jameslindlibrary.org/ (07.09.2020).

Thorp, S. R., Glassman, L. H., Wells, S. Y., Walter, K. H., Gebhardt, H., Twamley, E., Golshan, S., Pittman, J., Penski, K., Allard, C., Morland, L. A., & Wetherell, J. (2019). A randomized controlled trial of prolonged exposure therapy versus relaxation training for older veterans with military-related PTSD. *Journal of anxiety disorders, 64,* 45–54. https://<doi.org/10.1016/j.janxdis.2019.02.003B.

Tibi, S. (2006). Al-Razi and Islamic medicine in the 9th century. *Journal of the Royal Society of Medicine, 99,* 206–207. https://www.jameslindlibrary.org/wp-data/uploads/2016/08/J-R-Soc-Med-2006-04-Tibi-206-7.pdf.

Town, J. M., Diener, M. J., Abbass, A., Leichsenring, F., Driessen, E. & Rabung, S. (2012). A meta-analysis of psychodynamic psychotherapy outcomes: evaluating the effects of research-specific procedures. *Psychotherapy (Chicago, Ill.), 49*(3), 276–290.

Ustinova, Y. & Cardeña, E. (2014). Combat Stress Disorders and Their Treatment in Ancient Greece. *Psychological trauma: theory, research, practice, and policy. 6.* 10.1037/a0036461.

Valentin, R. (1977). Magenkranke in militärischen Sonderformationen. *Deutsches Ärzteblatt, 44,* 2648-2651.

van den Berg, D. P., de Bont, P. A., van der Vleugel, B. M., de Roos, C., de Jongh, A., Van Minnen, A. & van der Gaag, M. (2015). Prolonged exposure vs eye movement desensitization and reprocessing vs waiting list for posttraumatic stress disorder in patients with a psychotic disorder: a randomized clinical trial. *JAMA psychiatry, 72*(3), 259–267. https://doi.org/10.1001/jamapsychiatry.2014.2637.

van der Kolk, B. A. (2007). The history of trauma in psychiatry. In M. J. Friedman, T. M. Keane, & P. A. Resick (Eds.), *Handbook of PTSD: Science and practice* (p. 19–36). New York: The Guilford Press.

van der Kolk, B. A., Spinazzola, J., Blaustein, M. E., Hopper, J. W., Hopper, E. K., Korn, D. L., & Simpson, W. B. (2007). A randomized clinical trial of eye movement desensitization and reprocessing (EMDR), fluoxetine, and pill placebo in the treatment of posttraumatic stress disorder: treatment effects and long-term maintenance. *The Journal of clinical psychiatry, 68*(1), 37–46. https://doi.org/10.4088/jcp.v68n0105.

van Emmerik, A. A., Kamphuis, J. H., & Emmelkamp, P. M. (2008). Treating acute stress disorder and posttraumatic stress disorder with cognitive behavioral therapy or structured writing therapy: a randomized controlled trial. *Psychotherapy and psychosomatics, 77*(2), 93–100. https://doi.org/10.1159/000112886.

Vaughan, K., Armstrong, M. S., Gold, R., O'Connor, N., Jenneke, W. & Tarrier, N. (1994). A trial of eye movement desensitization compared to image habituation training and applied muscle relaxation in post-traumatic stress disorder. *Journal of behavior therapy and experimental psychiatry, 25*(4), 283–291. https://doi.org/10.1016/0005-7916(94)90036-1.

Vera, M., Obén, A., Juarbe, D., Hernández, N., Kichic, R., & Hembree, E. A. (2022). A randomized clinical trial of prolonged exposure and applied relaxation for the treatment of Latinos with posttraumatic stress disorder. *Journal of traumatic stress, 35*(2), 593–604. https://doi.org/10.1002/jts.22773.

Vonderlin, R., Priebe, K., Müller-Engelmann, M., Fydrich, T., Steil, R., Resick, P. A., Schmahl, C., Lindauer, P., Kleindienst, N., & Bohus, M. (2024). Long-term effects of dialectical behaviour therapy for posttraumatic stress disorder and cognitive processing therapy 9 months after treatment termination. *European journal of psychotraumatology, 15*(1), 2393061. https://doi.org/10.1080/20008066.2024.2393061.

Walker, L.E. (1979). *The battered woman.* New York: Harper & Row.

Walter, K. H., Hunt, W. M., Otis, N. P., Kline, A. C., Miggantz, E. L., Thomsen, C. J., & Glassman, L. H. (2023). Comparison of behavioral activation-enhanced cognitive processing therapy and cognitive processing therapy among U.S. service members: A randomized clinical trial. *Psychiatry research, 326*, 115330. https://doi.org/10.1016/j.psychres.2023.115330.

Wampold, B. E., Mondin, G. W., Moody, M., Stich, F., Benson, K. & Ahn, H. (1997). A meta-analysis of outcome studies comparing bona fide psychotherapies: Empirically, "all must have prizes". *Psychological bulletin, 122,* 203–215.

Wells, A., Walton, D., Lovell, K. & Dawn, P. (2015). Metacognitive Therapy Versus Prolonged Exposure in Adults with Chronic Post-traumatic Stress Disorder: A Parallel Randomized Controlled Trial. *Cognitive therapy and research 39,* 70–80. https://doi.org/10.1007/s10608-014-9636-6.

Wicker, T. (1975). The Vietnam Disease. *The New York times, May 27,* 29.

Wigard, I., Meyerbröker, K., Ehring, T., Topper, M., Arntz, A., & Emmelkamp, P. (2024). Skills training followed by either EMDR or narrative therapy for posttraumatic stress disorder in adult survivors of childhood abuse: a randomized controlled trial. *European journal of psychotraumatology, 15*(1), 2332104. https://doi.org/10.1080/20008066.2024.2332104.

Wolpe, J., & Abrams, J. (1991). Post-traumatic stress disorder overcome by eye movement desensitization: A case report. *Journal of behavior therapy and experimental psychiatry, 22,* 39–43.

Woodward, R. & Jones, R. B. (1980). Cognitive restructuring treatment: A controlled trial with anxious patients. *Behaviour research and therapy, 18*(5), 401–407. https://doi.org/10.1016/0005-7967(80)90005-4.

World Health Organisation (1992). *The ICD-10 Classification of Mental and Behavioural Disorders*. Geneva: World Health Organisation. https://apps.who.int/iris/bitstream/handle/10665/37958/9241544228_eng.pdf? (06.05.2021).

World Health Organisation (2024). *ICD-11 for Mortality and Morbidity Statistics (Version 04/2019)*. https://icd.who.int/browse/2024-01/mms/en#334423054 (30.12.24).

Worthington, E. R. (1978). Demographic and Pre-Service Variables as Predictors of Post-Military Service Adjustment. In C. R. Figley (Ed.), *Stress disorders among Vietnam veterans* (p. 173-187). New York: Brunner & Routledge.

Wright, L. A., Sijbrandij, M., Sinnerton, R., Lewis, C., Roberts, N. P. & Bisson, J. I. (2019). Pharmacological prevention and early treatmentof post-traumatic stress disorder and acute stressdisorder: a systematic review and meta-analysis (2019). *Translational psychiatry*, 9, 334. https://doi.org/10.1038/s41398-019-0673-5.

Xenophontos S. (2014). Psychotherapy and moralising rhetoric in Galen's newly discovered Avoiding Distress (Peri Alypias). *Medical history, 58*(4), 585–603. https://doi.org/10.1017/mdh.2014.54.

Xue, C., Ge, Y., Tang, B., Liu, Y., Kang, P., Wang, M. & Zhang, L. (2015). A meta-analysis of risk factors for combat-related PTSD among military personnel and veterans. *PLoS one, 10*(3), e0120270. https://doi.org/10.1371/journal.pone.0120270.

Yang, J., Wang, N., Luo, W., & Gao, J. (2024). The efficacy and safety of MDMA-assisted psychotherapy for treatment of posttraumatic stress disorder: A systematic review and meta-analysis from randomized controlled trials. Psychiatry research, 339, 116043. https://doi.org/10.1016/j.psychres.2024.116043.

Young-McCaughan, S., Peterson, A. L., Mintz, J., Hale, W. J., Dondanville, K. A., Borah, E. V., Blount, T. H., Blankenship, A. E., Fina, B. A., Hall-Clark, B. N., Hernandez, A. M., Jacoby, V. M., Malach, S. L., Williams, J. M., Compton, K. E., Bingham, M. O., Vriend, C. A., Inman, A. W., Brundige, A., Arzola, S. M., Lapiz-Bluhm, M. D., Williamson, D. E., Litz, B. T., Hembree, E. A., Roache, J. D., Taylor, D. J., Pruiksma, K. E., Borah, A. M. & Yarvis, J. S. (2022). Testing the role of aerobic exercise in the treatment of posttraumatic stress disorder (PTSD) symptoms in U.S. active duty military personnel: a pilot study. *Cognitive behaviour therapy, 51*(4), 309–325. https://doi.org/10.1080/16506073.2021.2001689.

Yuan, K., Gong, Y. M., Liu, L., Sun, Y. K., Tian, S. S., Wang, Y. J., Zhong, Y., Zhang, A. Y., Su, S. Z., Liu, X. X., Zhang, Y. X., Lin, X., Shi, L., Yan, W., Fazel, S., Vitiello, M. V., Bryant, R. A., Zhou, X. Y., Ran, M. S., Bao, Y. P., Shi, J. & Lu, L. (2021). Prevalence of posttraumatic stress disorder after infectious disease pandemics in the twenty-first century, including COVID-19: a meta-analysis and systematic review. *Molecular psychiatry, 26*(9), 4982–4998. https://doi.org/10.1038/s41380-021-01036-x.

Yule, W., Bolton, D., Udwin, O. & Boyle, S. (2000). The Long-term Psychological Effects of a Disaster Experienced in Adolescence: I: The Incidence and Course of PTSD. *The journal of child psychology and psychiatry and allied disciplines, 41*(4), 503-511.

Zaccari, B., Sherman, A. D. F., Febres-Cordero, S., Higgins, M., & Kelly, U. (2022). Findings from a pilot study of Trauma Center Trauma-Sensitive Yoga versus cognitive processing therapy for PTSD related to military sexual trauma among women Veterans. *Complementary therapies in medicine, 70*, 102850. https://doi.org/10.1016/j.ctim.2022.102850.

Zoellner, L. A., Roy-Byrne, P. P., Mavissakalian, M., & Feeny, N. C. (2019). Doubly Randomized Pre-ference Trial of Prolonged Exposure Versus Sertraline for Treatment of PTSD. *The American journal of psychiatry, 176*(4), 287–296. https://doi.org/10.1176/appi.ajp.2018.17090995.

Autorenhinweis

Dr. Oswald Josef Klingler, 21.12.1954, Lehramt für Volksschulen in Wien, Studium der Psychologie und Erziehungswissenschaft in Innsbruck. Zertifizierungen unter anderem für Erziehungsberatung und Spieltherapie, Psychotherapie/Verhaltenstherapie, Psychotraumatherapie. Zahlreiche psychotraumatologische Weiterbildungen, so etwa auch bei Ehlers, Foa, Neuner, Reddeman, Resick. Berufstätigkeit an Pflichtschulen, in der Erziehungsberatung, am Institut für Biostatistik und Dokumentation der Universität Innsbruck, als Amtssachverständiger und Leiter des Instituts für Psychotraumatologie und Stressmanagement des Österreichischen Bundesheers sowie in eigener Praxis. Langjährige Tätigkeit als allgemein beeideter gerichtlicher Sachverständiger.

FSC
www.fsc.org
MIX
Papier aus verantwortungsvollen Quellen
Paper from responsible sources
FSC® C105338